文豪的身影

佐藤春夫 1915 年之自畫像（無眼鏡）。是入選二科美術展覽會的畫作。多才多藝的佐藤，此時期志於成為畫家。該圖像後來用在《殉情詩集》（1921.7，新潮社）的扉頁。

佐藤春夫 1942 年之自畫像。佐藤自言畫風受到後期印象派影響甚多。

文豪的筆跡 I

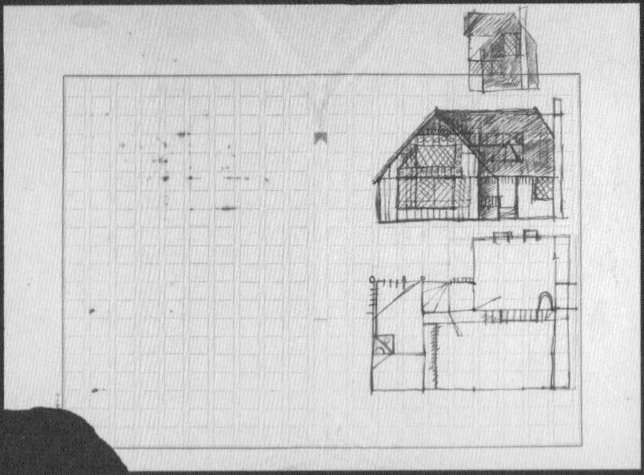

原稿塗鴉。佐藤遇到創作瓶頸時，習慣在原稿空白處描畫設計圖。這樣的創作情景也曾出現在〈田園的憂鬱〉。

1945 年入夏之後，在戰時疏散地點長野縣佐久所使用的素描簿。當中有聽見天皇玉音放送後，內心衝擊的短歌筆記。

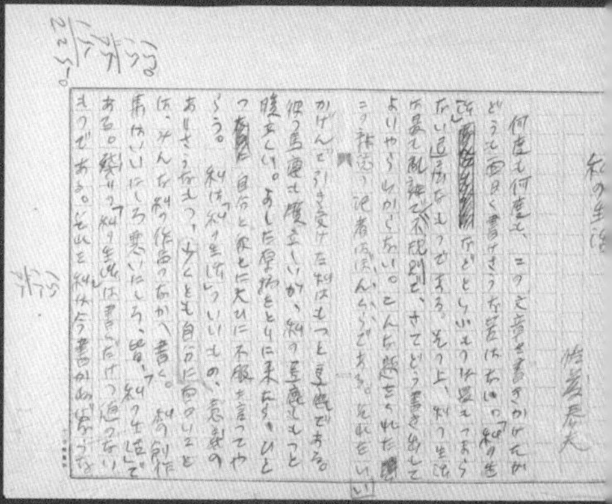

〈我的日常〉草稿，約 1919 年 12 月（《文章俱樂部》1920 年 1 月
與米谷香代子之間的婚姻開始於 1917 年，此時關係已日漸惡化。
仰賴妻子娘家維生的鬱悶日常。

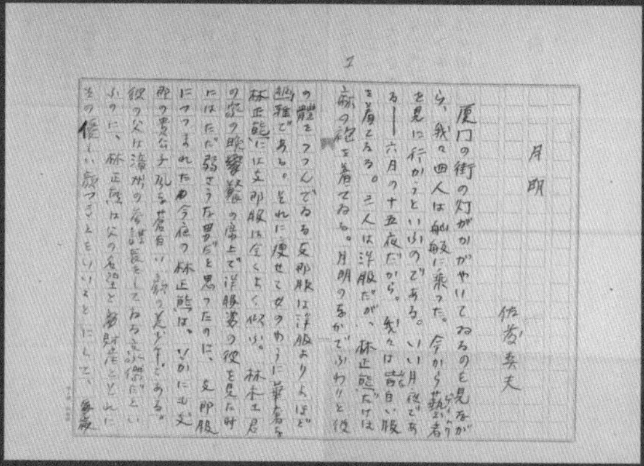

〈月明〉草稿，1921 年（《新潮》1921 年 11 月）。本文後來收錄在《南方紀行》的標題改作〈鷺江月明〉。內容描寫在廈門的月夜看見美麗的藝旦。

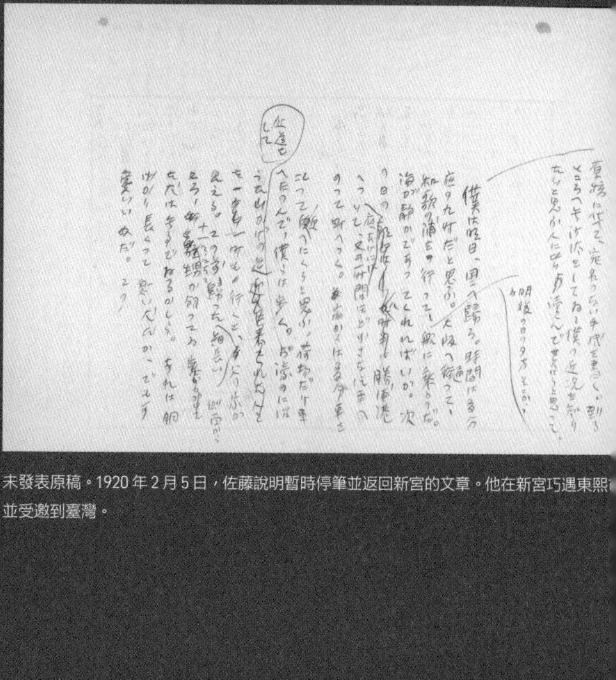

未發表原稿。1920 年 2 月 5 日，佐藤說明暫時停筆並返回新宮的文章。他在新宮巧遇東熙
並受邀到臺灣。

文豪的筆跡 II

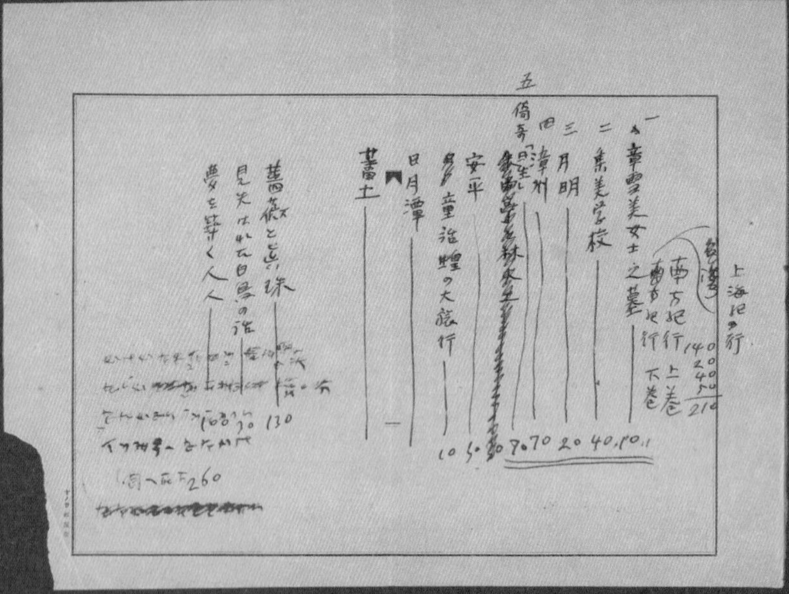

著作集原案，1921 年。從這份資料可知，佐藤當時有意將在臺灣與福建旅行的成果集結為一冊。

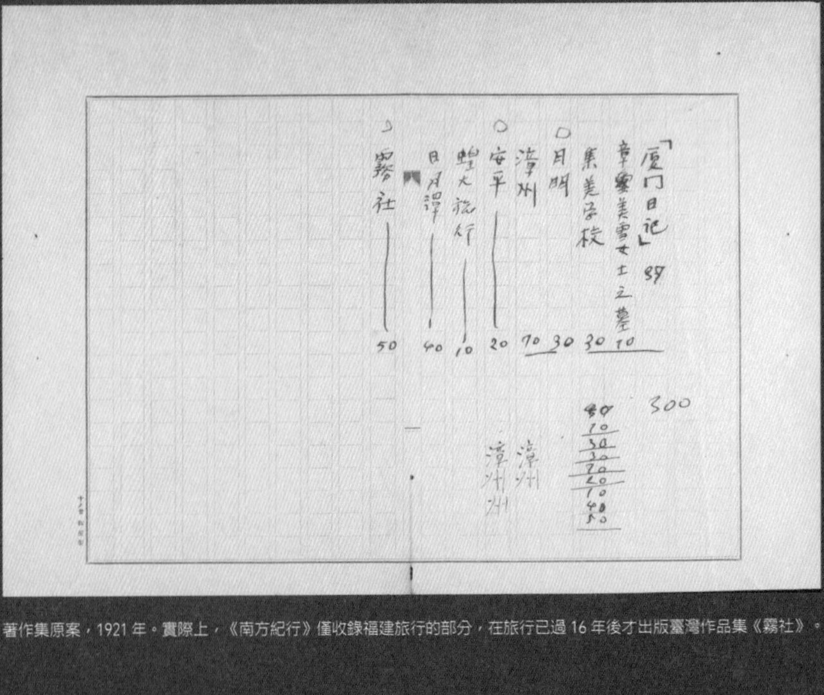

著作集原案，1921 年。實際上，《南方紀行》僅收錄福建旅行的部分，在旅行已過 16 年後才出版臺灣作品集《霧社》。

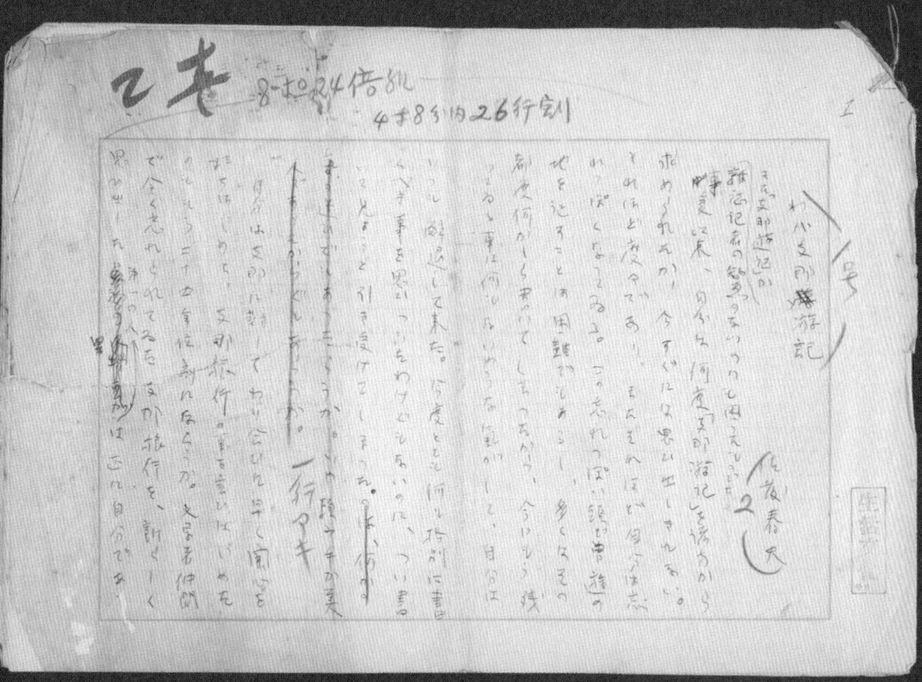
わが支那遊記
佐藤春夫

〈我的支那遊記〉完成稿《生活文化》（1943 年 7 月）。內容回想臺灣旅行，並表示相較於中國，在鹿港、旗後（今高雄旗津）與山間地區更能體驗到古典中國文化。

文豪的交誼

初戀情人．大前俊子 (1891-1922)。

此時是 1905 年 1 月，她 13 歲。俊子常到熊野醫院照顧住院的兄長。佐藤寫下多篇給她的短歌。後來她嫁給佐藤的軍人朋友，夫妻相繼夭逝。

與谷崎潤一郎

《盲目物語》呈獻本，1932 年 2 月，中央公論社。谷崎與女記者
末子再婚後，仍維持與佐藤夫婦往來並贈與著作。但這本書的題字
崎心儀的有夫之婦根津松子之筆跡。

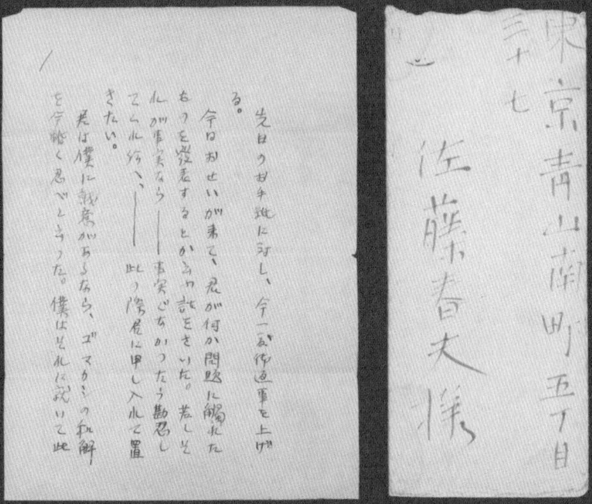

谷崎潤一郎致佐藤春夫書信，1921 年 6 月 6 日。佐藤從臺灣返回日本後，寄居位於小田原的谷崎家中。谷崎一度同意將千代讓給佐藤，卻又反悔，雙方經過幾次爭吵而於 1921 年絕交。這是史稱「小田原事件」的最重要書信之一。摘譯其中段落如下，從谷崎激動的語氣中，可以想見當時對立的激烈。

「……我是想跟你當面談，談過後就算還是無法釋然，都比裝糊塗來得好，也能找到一些和平相處的方法，真的做不到那也只好絕交。現在你這種勉強維持友誼的方式讓我很難過，我也考慮該絕交就絕交，之後慢慢整理。現在如果已經到了你我必須絕交的狀態，那麼應該做的就是絕交，而非裝糊塗。就算絕交了，我也會在心中繼續思考你我之事，將來也可能有握手言和的一天。」

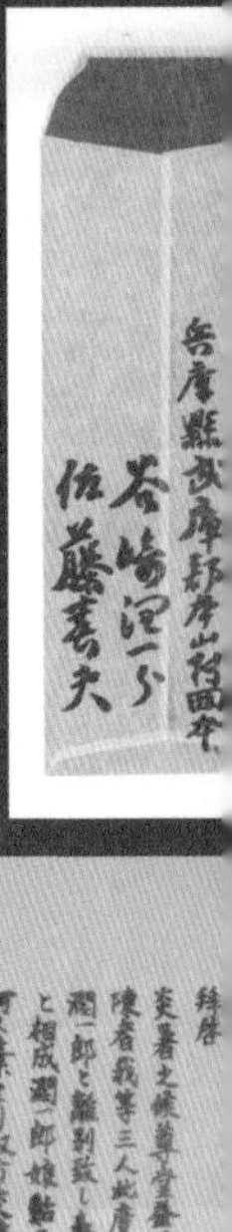

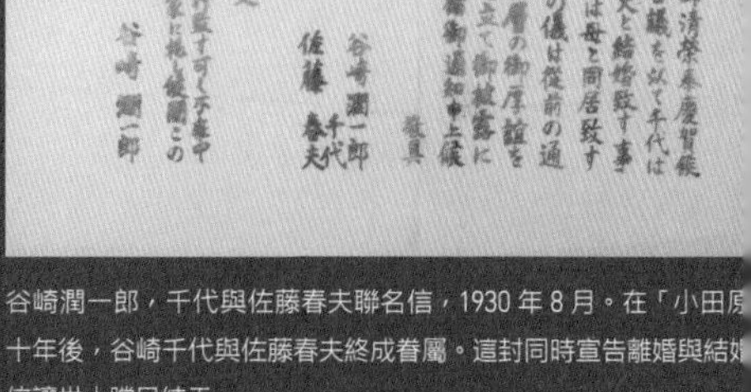

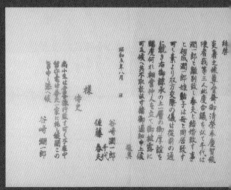

谷崎潤一郎，千代與佐藤春夫聯名信，1930 年 8 月。在「小田原
十年後，谷崎千代與佐藤春夫終成眷屬。這封同時宣告離婚與結婚
信讓世人瞠目結舌。

與太宰治

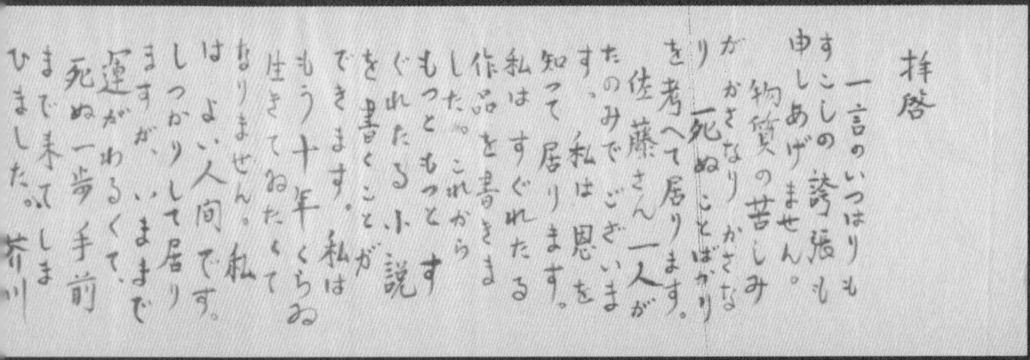

拝啓
一言のいつはりも
すこしの誇張も
申しあげません。
物質の苦しみ
がかさなりかさな
り死ぬことばかり
を考へて居ります。
佐藤さん一人が
たのみでございま
す。私は恩を
知って居ります。
私はすぐれたる
作品を書きま
した。これから
もっともっとす
ぐれたる小説
を書くことが
できます。私は
もう十年くらゐ
生きてゐたくて
なりません。私
はよい人間です。
しっかりして居り
ますが、いままで
運がわるくて、
死ぬ一歩手前
まで来てしま
ひました。
芥川

太宰治致佐藤春夫書信，1936 年 2 月 5 日。太宰治也是追隨佐藤的「弟子」之一。一心想獲得芥川賞的太宰寫信給評審委員佐藤央求，但反而被擔心其健康狀態的佐藤送進醫院。

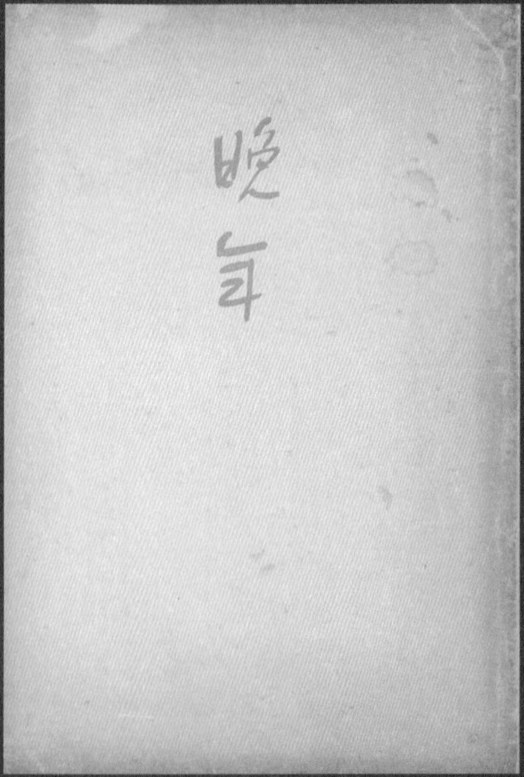

《晚年》呈獻本。1936 年 6 月 22 日，太宰帶著第一本創作集拜訪佐藤自宅。佐藤也在 7 月 11 日的上野出版紀念會上致詞。

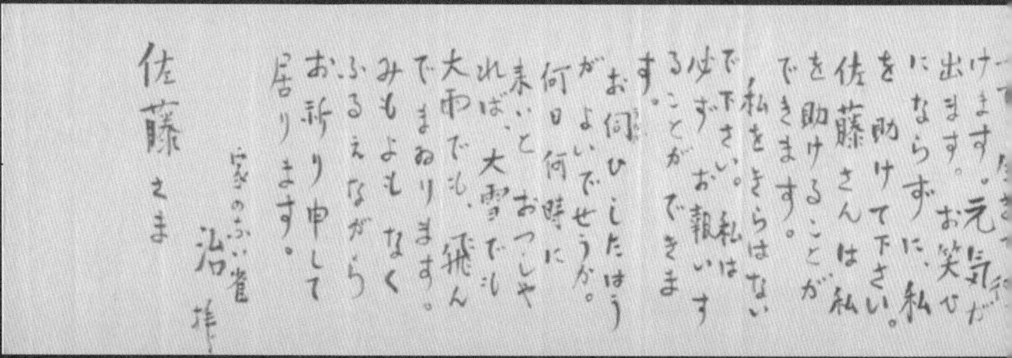

…けます。元気が出ます。お笑ひにならずに、私を助けて下さい。私佐藤さんは私を助けることができます。私をきらはないで下さい。私は必ずお報いすることができます。お伺ひしたはうがよいでせうか。何日何時に来いとおっしゃれば、大雪でも、大雨でも、飛んでまゐります。みもよもなくふるえながらお祈り申して居ります。

家のふい雀　治　拝

佐藤さま

與編輯

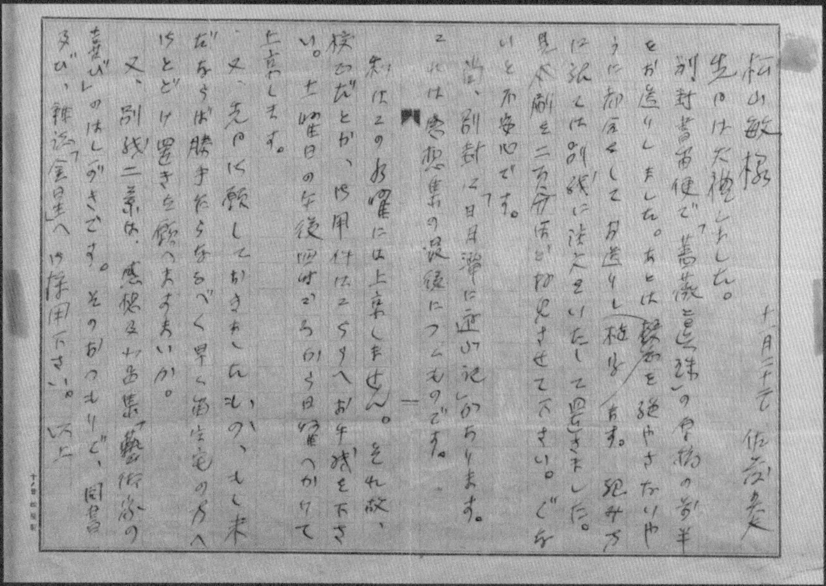

松山敏様　　十一月二十二日　佐藤春夫

先日は失礼しました。

別封書留便で「薔薇と真珠」の原稿の前半をお送りしました。あとは[illegible]を絶やさないやうに都合をしてお送りします。組み方に就ては別紙に注文をいたして置きました。見本刷を二頁分位お見せさせて下さい。でないと不安心です。

尚、別封にて「日月潭に遊ぶ記」があります。これは感想集の最後につけるものです。

私はこの木曜には上京しません。それ故、校正だとか、御用件はこちらへお手紙を下さい。土曜日の午後四時から日曜へかけて上京します。

又、先日に頼しておきましたもの、もし未だならば勝手ながらなるべく早く西生宅の方へ届けとどけ置きを願へませんか。

又、別紙二葉は、感想及小品集「藝術家の喜び」のはしがきです。そのつもりで、同書及び、雑誌「金星」へは採用下さい。以上

佐藤春夫致松山敏（悅三）書信，1921 年 11 月 22 日。佐藤指示編輯將〈日月潭遊記〉收錄在《藝術家的喜悅》（1922.3，金星堂）。

文豪日用物

為的佐藤春夫。此為《新潮》1919 年 3 月號卷首彩頁。

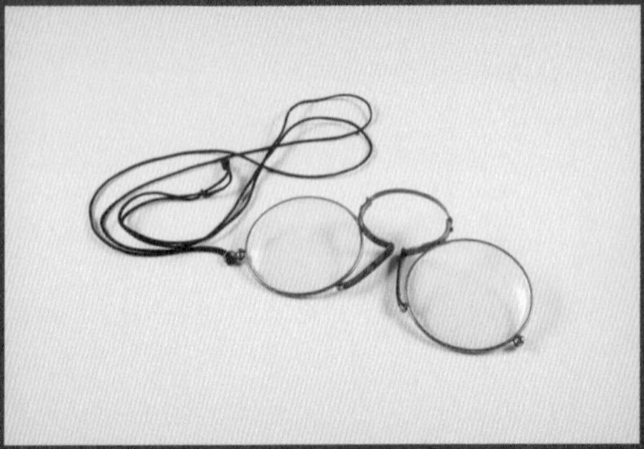

佐藤春夫自從在 1911 年 4 月 9 日的 19 歲生日當天首次購買後，這副夾鼻眼鏡便成為他的形象招牌。

懷錶。佐藤喜愛懷錶、鋼筆、打火機等小物件。懷錶與夾鼻眼鏡，同時象徵佐藤的時髦（西洋）品味。

原本使用粗字沾水筆的佐藤，約莫自 1923 年起開始使用鋼筆，直到晚年逐漸轉變為細筆字。

文豪曾經來過

佐藤春夫與百年前的臺灣

國立臺灣文學館　策畫

河野龍也、張文薰、陳允元　編

日本郵
神戸
航
朝鮮
木浦
釜山
ツシマ
角島無線電信局
大瀬埼無線電信局
イキ
オキ列島
下関
門司
長崎
神戸ヨリ門司マデ
本州
九州
四國
岡山
神戸
大阪
カゴシマ
琉
潮岬無線電信局

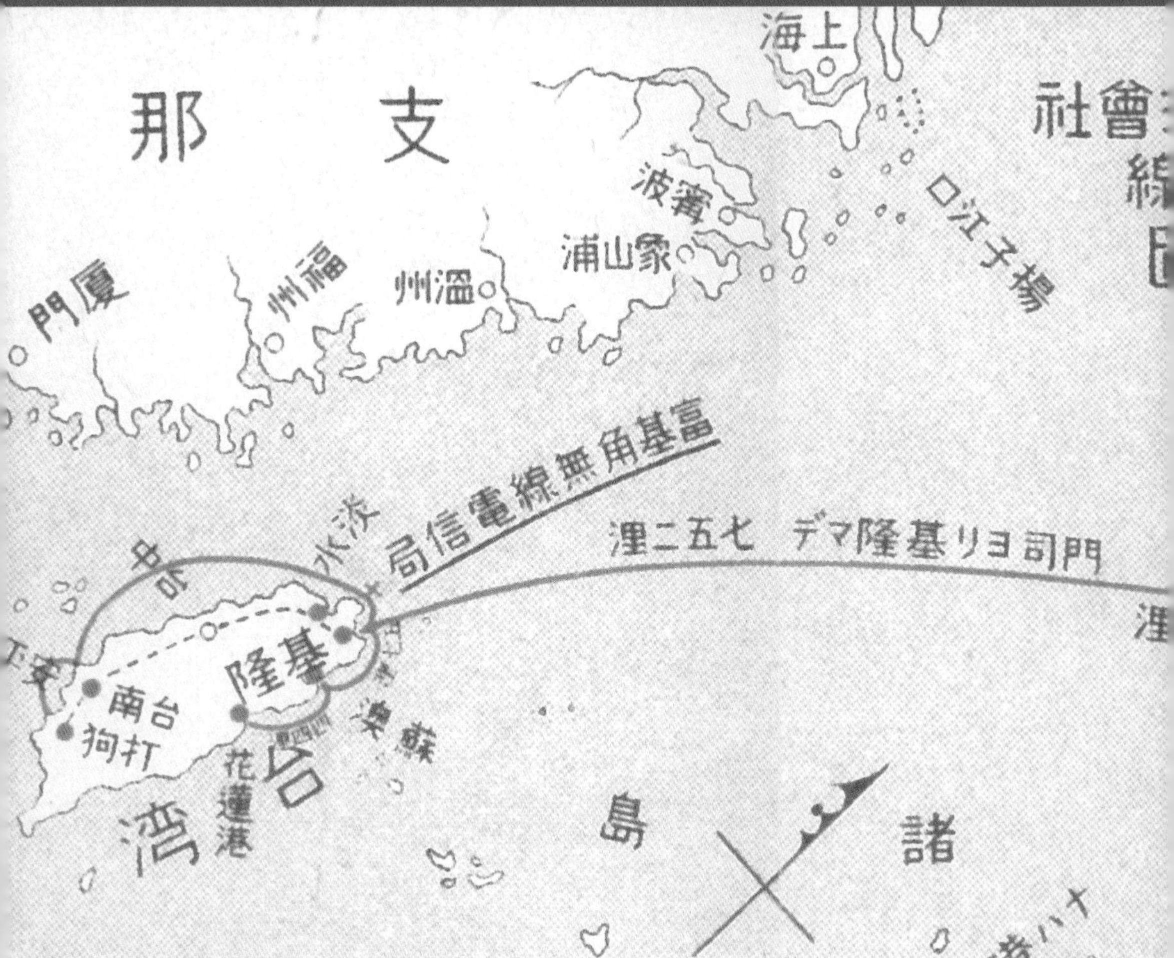
支那
上海
揚子江口
寧波
象山浦
溫州
福州
厦門
富基角無線電信局
淡水
門司ヨリ基隆マデ七五二浬
浬
基隆
台南
打狗
台湾
花蓮港
蘇澳
ナハ港
オキナワ島

目次

第三章　旅行的情調

本書中圖片，絕大部分皆爲「百年之遇：佐藤春夫一九二〇臺灣旅行文學展」之展品。各件之收藏者、圖片提供者等，若未於圖說標明，請詳見本書書末展覽品清單。

序——偶然的旅行、驚奇的文學史

◎蘇碩斌（國立臺灣文學館館長）

旅行到他方，可能起於偶然；但若是旅者與主人、原鄉與他方的生命，都因而彼此交織，偶然成就為故事，則歷史就可反覆陳述，並展開未來。

日本文豪佐藤春夫一趟臺灣旅行，一百年來真的展開成為文化史。二〇二〇年四月國立臺灣文學館雖然策辦「百年之遇——佐藤春夫一九二〇臺灣旅行文學展」的實地展示，然而時間空間畢竟有其侷限，現場還有許多容納不下的意義。

《文豪曾經來過：佐藤春夫與百年前的臺灣》就緣於特展時空受限的不滿足。臺文館加倍投入，不僅收進解說文案、物件圖影，更以全方位的廣度深度，補充佐藤春夫臺灣旅行的各種意義——因此您眼前的這一冊，既是展覽圖錄，更是可獨立閱讀的好書。

佐藤春夫，對當代臺灣或許遙遠陌生，但一百年前已是日本文壇名家；不過，這個展和這本書，旨趣並不在彰顯他個人的文豪成就、而更關注他一九二〇年旅行來到剛換穿「現代」外衣的臺灣之大時代意義。展覽的副標題以「旅行文學」為訴求，正是傳遞「臺灣旅行的技術」及「文學寫作的技巧」兩個看似無關的事件，其實有緊密牽絆的心靈結構。

佐藤春夫行遍臺灣西部平原、深入山間林地，中間還抽空渡海到廈門和漳州小住——他幾乎動用了當時所有的交通工具，尤其是一九〇八年開通的縱貫鐵道。因爲掌握現代時間的效率，佐藤春夫才有餘裕拜訪文友、觀察原住民和女性的處境。

行旅的深刻體驗、聽來的軼聞奇譚，佐藤春夫顯然得到了創作大補帖，回到日本轉爲〈日月潭遊記〉、〈旅人〉、〈霧社〉、〈女誡扇綺譚〉與〈殖民地之旅〉等作品。這些書寫新奇又獵異，不僅是一種自我挑戰，也驚醒長久沈浸中國古典的臺灣文學——其後，既造就佐藤的多變文風、也開啟臺灣的小說新路。

過去一百年的臺灣與日本之間有諸多波濤，殖民、戰爭、降伏、光復、相互敵視、重新懷念……，歷史和情緒都很糾葛。此時借由佐藤春夫的文學回望，更可貴他那種置身殖民地卻不帶偏見的觀察力，而那也是臺灣文學走出自我風格的關鍵時刻，最好不要遺忘。

這檔展覽與這本書，都要感謝日本佐藤春夫紀念會、實踐女子大學文藝資料研究所出借珍貴文物，感謝河野龍也教授、張文薰教授協同本館合作策展，感謝佐藤春夫後人與日臺友朋共襄盛舉，諸多研究分享、史料蒐羅、物件提供、文案企劃，都閃耀著知識的旨趣。

佐藤春夫的臺灣旅行，一個人的偶然，撞上整個獨特的時代，引燃兩種社會、兩個文壇相遇的火花。所以說，文學的生命史，總是有這種意外的美好。

序——如果在臺灣，迎來「春夫文學」的現代新評價……

◎辻本雄一（新宮市立佐藤春夫紀念館館長）

位在和歌山縣新宮市的「小小文學館．佐藤春夫紀念館」因新冠肺炎而閉館幾個月之後，終在六月重新開館。而位在南臺灣的國立臺灣文學館則領先防疫、超前部署，四月就如期展出「百年之遇——佐藤春夫一九二〇臺灣旅行文學展」，令人無比高興。

＊

一九二〇年，佐藤春夫因爲家庭問題，以及思慕谷崎潤一郎夫人千代的苦惱神傷，返回新宮休養。他在這裡偶遇了中學同窗、剛在高雄開業牙科診所的東熙市，因而受邀前往臺灣。此行，春夫獲得臺灣原住民研究先驅森丑之助等人的協助，得以進入霧社與能高的部落，將所見所聞化成文字，完成許多後來所稱之「臺灣相關作品」。這些作品不局限於異國憧憬，而能窺見一位文學家對臺灣現況投注的敏銳目光，爲他獲取了高度評價。

這些見聞與作品，構成了「百年之遇」特展的內容，由日本的實踐女子大學河野龍也教授企劃，佐藤春夫紀念館提供了諸多資料，也是本館開館以來首次的海外展覽。

*

二〇一四年爲春夫逝世五十週年，敝館曾舉辦「佐藤春夫與〈憧憬之地〉中國・臺灣」特展，並在隔年一月於新宮市舉行國際研討會，作爲系列活動的一環。天理大學下村作次郎教授進行了專題演講，題目是「佐藤春夫的臺灣──在日月潭與霧社遇見的邵族與賽德克族現況」，河野龍也教授與北京外國語大學的秦剛教授也共同與會。

下村教授將臺灣原住民作家的諸多作品引介到日本，功績卓越，並獲得臺灣政府在二〇一二年授予「一等原住民專業獎章（行政院原住民委員會）」，也是首位獲頒此獎的外國人士。下村教授與佐藤春夫同爲新宮出身，對春夫更有著強烈的關心。此外，音樂家東哲一郎先生更爲春夫的代表作〈秋刀魚之歌〉譜曲，他所呈現的拉丁曲風，爲這首詩作帶來了嶄新的魅力。而他，正是邀約春夫訪臺的東熙市之孫。

這場研討會結束之後，眾人都盼望有朝一日能在臺灣舉辦相同的盛會。我相信這樣的期盼凝聚了彼此的共識並化成行動，而在不久之後就開花結果。二〇一六年六月，春夫的學術研討會分別於臺南以及廈門再次召開。

同年六月四日至五日期間，由國立臺灣文學館主辦、「公益財團法人佐藤春夫記念會」和「日本歌謠學會」協辦、南臺科技大學應用日語系籌備的「臺日『文學與歌謠』國際學術研討會」於臺南展開，同時也以「佐藤春夫與臺灣」爲題展開了學術交流與研究分享；日本方面的協調工作則由下村作次郎教授負責。隨後在六月二十四日至二十六日期間，「『東亞內部的自他認識』學術研討會」終於在廈門之地實現，秦剛教授也爲此費盡了心力。

這場研討會的地點，是春夫《南方紀行》中提及將於隔年建校的廈門大學召開，由同校的外文學院日語系主辦，並在日本國際交流基金北京日本文化中心的協助下圓滿落幕。

因爲下村作次郎教授與秦剛教授的努力奔走，加上在臺灣訪問的河野龍也教授持續調查新事證及拓展人脈，三方群策群力的累積，才又成就了今年這場國立臺灣文學館舉辦的特展。對我來說，事情的發展能夠如此迅速，歷歷過程實在超乎想像。這一切的一切，更要歸功蘇碩斌館長帶領的國立臺灣文學館之協助，相關人士付出的辛勞一定是難以想像的。我也深深相信，這次特展不僅能讓大眾對佐藤春夫的臺灣之行與人際交流有進一步了解，對春夫作品的「解讀」也必能更加深入。

*

甫辭世的影像作家大林宣彥導演，曾借春夫之語「有憑有據的胡言亂語」（根も葉もある嘘八百）作爲他虛構性與想像力的根源，並進一步應用在電影創作。他拍攝的《戰裡的野孩子》（野ゆき山ゆき海べゆき），就是改編自春夫原著小說《淘氣時代》（わんぱく時代）。二〇一四年八月八日，大林導演在熊野大學的夏日講座，以「春夫、熊野與我」爲題，向年輕的聽眾們熱切分享

對春夫的思念、對電影的看法，以及對和平的懷想。

佐藤春夫雖是與谷崎潤一郎、芥川龍之介比肩的時代寵兒，但如今或許已被劃進「被遺忘的作家」之列。藉由這次的特展，「如果在臺灣，迎來『春夫文學』的現代新評價……」，將是我強烈的寄望與期盼。

已故作家中村眞一郎在〈「二十世紀」的前衛：佐藤春夫〉一文中，具體明列「春夫文學」的前衛之處，並評價他「達到了近二十種的多方前衛成就」，因此「難以貼上標籤」，從而喟嘆日本閱讀界不能理解他的前衛與多變。

而我則有這樣的預感：「百年之遇——佐藤春夫一九二〇臺灣旅行文學展」，將使春夫文學的評價脫離「被遺忘」的深淵、帶來嶄新的局面，從臺灣的這塊土地上再次迎來曙光。

（二〇二〇年四月）

序──在佐藤春夫研究的最前線，實現臺日合作

◎河野龍也（日本實踐女子大學文藝資料研究所所長、「百年之遇」策展人）

在殖民統治時代，佐藤春夫以銳利的眼神發現了臺灣複雜的民族與國籍問題。二〇一六年七月，我與蔡維鋼先生同赴國立臺灣文學館，拜會當時的陳益源館長，傳達重新發現佐藤春夫文學成為日臺共享的典範，以及對相關文學遺產進行保護保存的期待，並當場確立了二〇二〇年記念展的籌辦約定。此後四年，歷任的廖振富館長與蘇碩斌館長都持續對這個展覽的籌備寄予關懷與厚望，「百年之遇──佐藤春夫一九二〇臺灣旅行文學展」才終於得以實現。

從展品的布置到圖錄的編輯，也得到蘇館長、張文薰教授、陳允元教授、簡弘毅先生諸多的關照。此外，這塊迎接佐藤春夫的臺灣土地，也有賴邱若山教授長年從事研究與翻譯的耕耘守護。原定於四月三日舉行的開幕儀式，從東哲一郎（邀約佐藤春夫前來臺灣的友人東熙市之孫）到日臺的友人原本將共聚一堂，卻因新冠肺炎的疫情擴展而中止，教人感到無比的哀傷。借此篇幅要向諸位真誠的努力致上萬分謝意，並期待再會之日的來臨。

從作家的親筆畫作到愛用物品，新宮市立佐藤春夫記念館出借了無數的珍貴資料。此外，這次的展覽品更包括佐藤家族委託實踐女子大學整理，加上我個人的收藏中，難得公開展示的臺灣相關資料。這個初次在海外開辦的展覽，其中包含未曾在日本發表過的新資料。因此可以如此宣告：這個展覽本身，正是佐藤春夫研究的最前線。

會場中的每一張照片和每一份資料，都是各個家族在漫長的百年時光，謹慎保存並鄭重傳遞下來的尊貴歷史見證。對我而言，這些資料都是無可取代的回憶，它們是我在拜訪過每一位相關人士後，將各種發現逐步積累、踏實研究的成果。我思念著慨然允諾、同意將這些資料於會場展出的每一位人士。在此由衷獻上我的敬意與感謝。

留存在臺灣的近代資料中，許多都是使用日文來書寫記錄，對現在的臺灣人而言是外國的語言。對此我也經常懷抱複雜的心情。殖民地的傷痕於現代所產生的歷史空白，令我無法置身事外，內心也滿是悲痛。另外，隨著時代演變，這些用日文記載的文獻，有大半內容就連現在的日本人也無法讀懂。想要重新掌握臺灣的記憶，除了專業的文獻研究與優秀的翻譯之外，更不可或缺的就是一般社會大眾的關心。三者一體，除此之外別無他法。

臺日的研究者攜手合作，努力從留存的記錄中挖掘真相，我也在心中深切期盼，希望臺灣與日本的社會能對這樣的努力做出回應，並實現雙方這種理想的關係。如果這次的展覽能夠成就這樣的機緣，對我而言即是無上的欣喜與光榮。

（二〇二〇年五月十三日）

佐藤春夫年表

一八九二年　四月九日，出生於和歌山縣東牟婁郡新宮町（今新宮市）。

一九〇四年　四月，進入和歌山縣立新宮中學校（今縣立新宮高等學校）。

一九〇八年　七月，投稿短歌獲選刊載於《明星》。

一九一〇年　三月，自新宮中學校畢業。

七月，參加第一高等學校入學考試，於第二日棄權考試。結識堀口大學。

九月，與堀口大學一同進入慶應義塾大學預科文學部，受教於永井荷風。

一九一三年　九月，自慶應義塾大學退學。

一九一四年　十二月，與遠藤幸子同居，於本鄉區追分町共築新居。

一九一六年　七月，遷居至神奈川縣。

一九一七年　一月，結識芥川龍之介。

六月，與谷崎潤一郎相識。與遠藤幸子分手。

九月，與米谷香代子同居。

一九一八年
一月中旬，完成〈田園的憂鬱〉。
七月，在谷崎潤一郎的推薦下，發表〈李太白〉於《中央公論》。

一九二〇年
二月，因極度神經衰弱，返回故鄉新宮休養。
六月下旬，自新宮出發，前往臺灣。
七月六日，乘船抵達基隆，展開臺灣之旅。
七月二十一日至八月四日，渡海至中國的廈門、鼓浪嶼、集美、漳州旅行。
八月五日，返抵基隆。
十月十五日，自基隆出發，返回日本；十九日，抵達神戶（詳細行程見後佐藤春夫臺灣旅行日程與路線）。
同月，與米谷香代子分手。

一九二二年
一月起，陸續發表〈黃五娘〉、〈星〉（爲〈黃五娘〉改題、續完）。
五月，與谷崎潤一郎絕交。

七月，由新潮社出版《殉情詩集》。發表〈日月潭遊記〉。

八月起，陸續發表〈集美學校〉、〈章美雪女士之墓〉、〈月明〉、〈宛如偵探小說的登場人物〉、〈蝗蟲的大旅行〉、〈朱雨亭其人及其他〉、〈廈門印象〉、〈漳州〉。

除〈蝗蟲的大旅行〉，後皆收錄於《南方紀行》。

一九二二年・四月，由新潮社出版《南方紀行》。

一九二三年・一月，由新潮社出版《都會的憂鬱》。

六月，魯迅與周作人共編《現代日本小說集》，收錄佐藤春夫四篇作品。

八月起，陸續發表〈鷹爪花〉、〈魔鳥〉。

一九二四年・六月，發表〈旅人〉。

十月，由新潮社出版《旅人》。

一九二五年・三月起，陸續發表〈霧社〉、〈女誡扇綺譚〉。

一九二六年・二月，由第一書房出版《女誡扇綺譚》。

三月，發表〈漳州橋畔愁夜曲〉。

九月中旬，與谷崎潤一郎恢復友誼。
同月，發表〈天上聖母〉，由改造社出版《蝗蟲的大旅行》。

一九二七年・七月，應田漢之邀，赴中國旅行。與郁達夫同遊西湖後，收到芥川龍之介的訃音。

一九二八年・一月，發表〈奇談〉，後改名爲〈太陽旗之下〉。

一九三〇年・八月，佐藤春夫與谷崎潤一郎、千代三人聯名發表公開信，並與千代結婚。

一九三二年・一月，翻譯魯迅的〈故鄉〉，刊載於《中央公論》。
九月、十月，發表〈殖民地之旅〉。
十月，由春陽堂出版《蝗蟲的大旅行》。

一九三五年・一月，擔任第一屆芥川賞評審委員（直至一九六二年的第四十六屆）。
六月，由岩波書店出版與增田涉共同翻譯的《魯迅選集》。

一九三六年・二月，太宰治來信，懇求給予芥川賞。
七月，由昭森社出版《霧社》，收錄〈彼夏之記〉。
由春陽堂出版《南方紀行》。

十一月，爲大鹿卓《野蠻人》（以臺灣山地爲舞臺的小說）繪畫插圖。

一九三七年 八月，發表〈社寮島旅情記〉。

十一月，爲黑木謳子《南方的果樹園》書名題字。

十二月，發表〈談廈門〉。

一九三八年 五月，向「文藝汎論詩集賞」推薦西川滿獲得「詩業功勞賞」。

一九四三年 八月，爲黃氏鳳姿《臺灣的少女》寫序文。

十一月，由昭森社出版《霧社》改訂增補版。

一九四四年 一月，由臺灣的清水書店出版佐藤春夫譯《平妖傳》。

一九四五年 三月，爲邱淳洸《淳洸詩集》寫賀詞。

一九四八年 十一月，由文體社出版《女誡扇綺譚》。

一九五四年 十二月，爲邱永漢《濁水溪》書名題字。

一九五九年 十月，發表〈暑夏之旅的回憶〉，後收錄於修道社在一九六一年出版的《望鄉之賦》。

一九六一年 三月，於芥川賞選評時，推薦坂口䙥子的作品〈蕃婦羅婆的故事〉。

一九六二年● 三月，爲臺灣出身、慶應義塾大學畢業的庄司總一遺稿詩集《野野實抄》寫跋文。

一九六三年● 三月，發表〈受邀到臺灣〉，後收錄於讀賣新聞社同年出版的《詩文半世紀》。

一九六四年● 五月六日，因心肌梗塞逝於東京文京區關口町自宅。享年七十二歲。

一九九八年● 四月，由臨川書店出版《定本佐藤春夫全集》（全三十六卷），至二〇〇一年完畢。

年表製作參考資料：

財團法人佐藤春夫紀念會編，《新編　圖錄　佐藤春夫》，和歌山：新宮市教育委員會、新宮市立佐藤春夫紀念館，2008 年 3 月。

邱若山製，〈佐藤春夫臺灣關係作品年表〉，《殖民地之旅》，臺北：前衛出版社，2016 年 11 月。

導言

◎張文薰（國立臺灣大學臺灣文學研究所副教授、「百年之遇」策展人）

「為什麼？為什麼不早點來呢？」

一九二〇年，一個日本青年在古都臺南的荒廢屋宅中，聽見幽幽的少女呼聲。那是來自冥界的感傷？或是不耐等待的怨嗔？青年透過重重翻譯與追查，發現廢屋掩埋著臺灣開發移民歷史的地層，而少女的哀愁則是因為戀情牽扯上新移民者——日本人的殖民利益。只是無論如何，那幽婉纏綿的聲音想傾訴的對象，都不是聽不懂臺語的自己。

這是佐藤春夫〈女誡扇綺譚〉的情節，這篇以安平海岸、鬼屋、瘋女意象，以及詭異、頹廢、解謎的精彩手法，成功營造出臺灣歷史身世、臺日關係的小說，不僅引發日本人探訪調查臺灣的興趣，也啟動了臺灣人想像在地題材的風潮，直到百年後的今天。

當年為了紓解情傷而隨友人來臺的佐藤春夫，一定沒想到這次旅行所結識的人們、感受的異地景色、目睹的人情是非，經過他耽美派的筆墨轉化後，會成為化解生命危機的珍貴經驗，以及串連臺日二地百年關聯的資產。

百年前，剛在文壇冒出頭的佐藤春夫從霓虹繽紛的都會東京，來到交通網絡剛完成的年輕臺灣。彼時，日本帝國已從追求文明維新的明治時代，進入享受文化娛樂的大正時代。佐藤春夫來自漢學傳統深厚的家族，但更心醉於歌頌生命、享受生活的現代文藝。彼時，臺灣新文學尚待萌芽，佐藤春夫因此遇上詩藝精湛、落筆成文卻困於亡國之思的漢詩人，雙方在傳統與現代之間對話交鋒，碰撞出絢爛的火花。

爲了實現理念而不惜挑戰體制與父命的佐藤春夫，並未完全接受殖民地官員的攏絡，而是在官與民、日人與漢人的多重資訊來源中，找尋臺灣的眞實。他原本對臺灣一無所知，這趟旅行卻踏遍臺灣西部、深入山地，從放浪形骸的詩人、哀怨委屈的女性、純眞野性的原住民身上，產生關於「殖民地臺灣」的深刻認知。

透過文學家的視線，方能察覺這些生命的掙扎與困頓，都來自文化符號與地域政治問題的交纏，族群與語言文字歧異的隔絕。他除了以散文記錄，更轉化在地傳奇，透過徘徊廢墟的女鬼、生者退避的魔鳥、知人心的蝗蟲等奇幻形象，呈現人間的荒謬與無奈。

訴說現實問題的方式，必須透過虛幻荒謬的故事型態，如此一來，受苦的靈魂即使無法獲得即時解決，也能在豐美的文字、精緻的故事中得到同情體諒。佐藤春夫的文學，除了見證洪棄生、林獻堂、原住民的神采，畢竟是化悲傷爲晶瑩淚水的高超技藝。

發生在古都臺南的遇鬼故事，那位爲情所困的日本青年，選擇歸還他意外撿到的扇子；那是通往臺灣過往的鑰匙，卻也是別人愛情的信物。眞相即將大白，佐藤春夫卻以一個充滿餘韻的方式結束了青年的旅程，把歸臺灣的記憶與淚水還給臺灣。佐藤春夫的作品成爲記錄與想像臺灣的典範，激發後世作家的仿效與批判，激盪出臺灣文學與文化論述的豐沛能量。他營造出中華盛世外的天地，吸引多少後人按圖索驥，更引發再現臺灣風景的慾望。

第一章 旅行的起點

那時的青年作家佐藤春夫，二十八歲。

那時的日本帝國，正值大正時代。在文學方面，夏目漱石、森鷗外、永井荷風、芥川龍之介、谷崎潤一郎等國民作家，已經寫出故事性與議題性豐富的現代小說。

佐藤春夫在一八九二年，出生於現今和歌山縣新宮市。這是一個背倚高峻熊野山域、面向廣闊太平洋的港口。傳說秦始皇派出尋找海外仙山的方士徐福，就是在新宮上岸；戰前與臺灣之間有木材進出口的密切往來。新宮人以對抗權威、追求自由獨立的性格自豪。

佐藤春夫家族世代為漢醫，父親轉為西醫，漢學詩詞與西洋學問藝術的衝突與融合，體現在佐藤春夫多變的生活方式與創作風格之中。他自少立志創作，不惜違逆父親要他報考第一高校的期待，而進入慶應大學師事景仰已久的永井荷風。只是不久後就離開正規教育機構而自學，終於在遇見谷崎潤一郎後，經過其修改與推薦，從一九一八年起陸續發表〈李太白〉、〈田園的憂鬱〉等，以浪漫派的旗手之姿備受文壇矚目。〈李太白〉以唐代詩人李白為主角，〈田園的憂鬱〉描寫東京郊外新婚生活的煩悶，象徵貫穿佐藤春夫文學的歷史想像與騷人心志主題。不到兩年，佐藤春夫發現自己的第二任妻子與弟弟秋雄之間有曖昧情誼，同時谷崎潤一郎與小姨子之間也有不倫關係，因此對於被瞞在鼓裡的谷崎夫人千代心生憐惜，卻苦於無法告白。在手足與婚姻之間的矛盾抉擇中，佐藤春夫陷入人生與創作的瓶頸。

就在一九二〇年春回故鄉新宮休養之際，他獲得了解脫困境的契機：臺灣之旅……

大正作家佐藤春夫的特質與臺灣觀——「失去」的描寫觀點

◎河野龍也—著　蔡維鋼—譯

「非日本人」的哀歌

佐藤春夫可說是近代日本最才華洋溢的作家之一。他的活動領域廣泛，創作橫跨詩歌、小說、評論、翻譯和美術，因此要掌握他的藝術全貌並不是一件容易的事。若要扣問佐藤文學最重要的主題爲何，那麼毫無疑問地，可以聚焦在「失去」這個關鍵字上。特別是「失去故鄉」這個主題。許多因故無法回鄉的流浪者，都有剪不斷的鄉愁，而描寫這些，就成了佐藤筆下經常出現的一種作品型態。而在一百年前旅行臺灣的佐藤，能夠深刻洞察殖民地眾人的複雜情感與所處立場，恐怕與此也不能說毫無相關。

在臨近紀伊半島的南端，降生於新宮市醫者之家的佐藤春夫，在愛好文藝的父親的薰陶之下，也因爲景仰有名的浪漫派歌人與謝野鐵幹（本名與謝野寬，一八七三—一九三五）對地方歌壇的影響，開啟了他的文學之眼，並在中學時

從熊野川眺望新宮，約 1910 年。新宮以熊野川水運木材貿易而繁盛。河灘林立著船夫的小屋。

便早熟地展露了詩歌的才華，備受矚目。日俄戰爭（一九〇四－〇五）結束後，日本的經濟開始快速發展，新宮位於木材流通中心，因而被推向了繁榮的極至，同時，這裡也匯聚了各種新思想的能量，以求打破舊時代的道德觀念，對社會矛盾進行改革。此時正值中學時期的佐藤，因嗜讀文學而留級，並在市民聚集的演說會上高呼學校教育無用，而遭受停學處分；他的種種作為極早就展現了反骨精神的鱗爪。

一九一一年，佐藤幾乎如同被開除般地從中學畢業，來到東京後，他一邊在慶應義塾就讀，一邊跟隨與謝野鐵幹和生田長江（一八八二－一九三六，評論家）開始了他的文學修行。他最初活躍的舞臺是《昴》與《三田文學》兩本雜誌；《昴》是森鷗外（一八六二－一九二二）主持的反自然主義雜誌，而《三田文學》，則是慶應為了與早稻田的自然主義派相抗衡而迎來永井荷風（一八七九－一九五九），並由他所創辦的雜誌。因此，佐藤在日本近代文學史中的定位，多被歸類在「浪漫主義」和「耽美派」。他們的藝術立場，比起凝視現實，毋寧更著重探求空想之美；永井荷風與谷崎潤一郎（一八八六－一九六五）亦可歸類於此。

然而，若要再進一步考量佐藤的個人性格，那麼就必須留意在他上東京後

佐藤父親 1894 年起在此處開設熊野醫院，戰後改建為近畿大學分校。佐藤幼時常在門口的坡道騎腳踏車。左手邊的洋房則是初戀的地點。

不久發生的一起事件。一九一一年，幸德秋水（一八七一—一九一一）等社會主義、自由主義份子因涉嫌暗殺明治天皇被捕（實爲冤罪），隔年有十二人遭處決，也就是所謂的「大逆事件」。而遠在新宮這一端，與幸德有過交流的六名人士也遭宣判有罪，其中兩名被處以死刑。佐藤父親的友人，同時也是爲貧民救濟盡心盡力的小城醫生，大石誠之助（一八六七—一九一一），也是死刑犯之一。讀到這則號外的佐藤深受衝擊，於是寫下了一首名爲〈愚者之死〉（《昴》一九一一年三月）的詩作爲大石悼念。

千九百十一年一月二十三日
大石誠之助被殺了。

違背了多數嚴肅者制定的規範
這樣的人應當誅殺哉。

這場以死爲賭注的遊戲，
不知民俗的歷史，

非日本人的人，
愚昧的人被殺了。

「去僞存眞」
絞刑臺上說出的這句話愚蠢至極。

我的故鄉是紀州新宮。
他的故里亦是吾鄉。

聽聞，他的故鄉，亦是吾市
紀州新宮教人恐懼。
別怪那些自視聰明的商人也不禁嘆息，
——市民們啊，應多戒愼。
師者們啊，國之歷史應多宣揚。

這是攝於聽聞父親友人大石誠之助因「大逆事件」被處決的隔月。照片中有永井荷風（1排右5）與佐藤春夫（3排右4），佐藤左側是其終生摯友堀口大學。

要了解這首詩的意思，首先所要思考的是時代背景：人們不能替被判爲「逆賊」的死刑犯公開悼唁。佐藤春夫是透過生田長江的譯介接觸到尼采的超人思想的，在同時期發表的其他文章（〈「日本人脫離論」之序論〉《新小說》一九一一年五月）中他曾經提到「非日本人者，即刻足以爲超人」。在日本這個被精明聰慧的「末人」（庸人）所統治的地方，大石這條雖然愚蠢卻活得眞實又忠誠的「超人」生命，竟被憎恨，慘遭殺害——這便是詩的眞意所在。寫滿了痛罵大石辭句的〈愚者之死〉，其實是一首用反語巧妙寫成的詩作。

在這首詩中，我注意到了一點，就是將故鄉新宮稱爲「商人之市」。市民們一味地擔心事件會對地方經濟造成不好的影響，所以佐藤也藉此嘲諷他們的謹愼態度，其實不過是單純的商業主義罷了。新宮的所有人都想和「逆徒」斬斷關係，結果只有他一再重申自己是大石的同鄉人，這名少年詩人與大石之間，有著共同的感嘆與憤慨：不管是在新宮或是在日本，都已經沒有自己的容身之處了。這首詩就是這樣的一首鎭魂之作。

佐藤經常以「鄉愁」作爲創作題材，但他的鄉愁中卻有著複雜的愛憐與絕望，無法單純看作是對鄉土的熱愛。甚至可以說他是藉此表現心中的悔恨，悔恨自己的故鄉原來不是這樣的地方。單看大正時期發表的作品，佐藤的代表作中就有不少是在描寫夢迴故里的「望鄉」悲切，或是失鄉之人的「流浪」姿態。因爲對故鄉的反抗，從「非日本人」的共感者出發，形塑了佐藤的獨特性格，這也是他畢生創作的原動力所在。

「望鄉」與「流浪」——佐藤的文學主題

他的文壇處女作〈田園的憂鬱〉描寫的是一位立志成爲藝術家的青年，因爲對都市生活感覺疲憊而展開了田園生活，這個故事是以他隱居在神奈川縣近郊時的第一段婚姻生活爲雛型。故事開頭，主角在荒園中看見一朵瀕死的薔薇，他悉心照料，祈求自己的才華能如花盛開，然而單調的鄉下生活卻讓他身心失調，漸漸受到幻視與幻聽的侵擾。薔薇終於美麗綻放，但細看發現每朵花竟然都被蟲所侵蝕，主角將此視爲自己生病的象徵，然後結束了這個故事。

這部作品的特徵是有著「耽美派」纖細的感覺描寫，但需要注意的地方是：對都市生活感覺疲憊的主角，爲何歸處不是他眞正的故鄉，而是在似故鄉非故鄉之地？主角曾經有過被母親拒絕的遠久記憶，也被迫從父親的身邊獨立，因此他找不到回得去的現實故鄉。於是，他找了一塊毫無淵源的市郊之地代之爲

《田園的憂鬱》，新潮社，1919 年 6 月出版。佐藤在文壇登場之作，以 1916 年與女演員遠藤幸子「隱居」神奈川縣郊外的經歷為基礎。

故鄉，並從中尋求安慰。

相當有趣的是，這種對故鄉想像的冀求，也出現在他的藝術觀之中。他雖曾高傲地表示，自己的感性是來自西方文學與中國古典的「傳統」，但在這股情感的內部，卻存在著身爲「日本人」的不協調感。雖然這部作品的表現並不像〈愚者之死〉那麼直接，但也確實有著「非日本人」的描寫。

被阻絕於故鄉或家國之外的人們；無法接受自己歸屬於特定的文化或國籍的人們。——佐藤作品的特徵就是當中出現了很多這樣的人物。例如〈李太白〉（《中央公論》增刊，一九一八年七月）也是如此。這部作品是在谷崎潤一郎強力推薦下發表，同時也是他出道的機緣之作。這是一篇奇幻故事，說的是被天界放逐的李白，隨後又遭到楊貴妃一族所掌控的朝廷驅逐，他看見映在水中的月亮，結果因爲懷念故鄉而溺死，之後化身爲魚游返天界。相較於世俗的權力，藝術的權勢才讓人不得不去注視；而在藝術至上主義這個尊貴的主題背後，則隱藏著失鄉的痛楚與返鄉的請求等主題。

在〈美麗的城鎮〉（《改造》一九一九年八月、九月、十二月）中，主角有著雙重國籍，並擁有「川崎愼藏」與「Theodor Brentano」兩個名字，他試圖在東京隅田川的中洲建立一個不受金錢控制的理想國，最後卻以失敗告終。還有，〈FOU〉（《中央公論》一九二六年一月）的主角，石野牧雄，述說自己家族是「日本的來客」，並深信遭到日本政府迫害而逃往巴黎；他化名「Marqi Icino」（這是以大石誠之助的外甥大石七分爲雛型；他也是佐藤春夫房子的設計者），與謎樣的貴婦人相戀，但她眞正的身分卻是一名妓女。如上所述，他們都是現實世界裡可憐的失敗者。但川崎還在藝術世界中持續他的理想國建設，石野仍在他的畫裡和女友持續幸福的生活。他們的共通之處，就是將現實世界無法實現的美夢，在藝術世界中實現。

日本戰後著名的文藝評論家中村光夫，曾批判佐藤的作品風格是一種根植於藝術家的「選民意識」（《佐藤春夫論》文藝春秋新社，一九六二年一月）。但從中村的理解中可以知道他並未充分掌握到佐藤所描繪的這些藝術家都是一群虛弱、受傷的失敗者。對佐藤而言，藝術是「安慰」先於「誇耀」，也是無法適應現實社會的「怪人」們最後的根據地。

這樣的想法也反映著佐藤的生存之道。無數有名無名的藝術青年，紛紛聚集在他位於小石川的自家宅邸（移建新宮，現爲佐藤春夫記念館），形成了一種沙龍，因爲盛況之空前，所以有了「弟子三千人」的笑談出現。他的人與文學均貫徹相同的信念，且從這裡，能看出佐藤春夫的有趣之處。

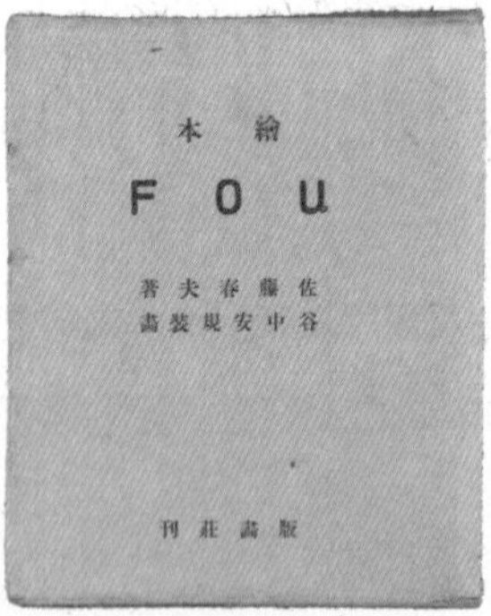

〈FOU〉，1936年4月，版畫莊。此限定本內有多幅鬼才谷中安規的版畫。在佐藤春夫眾多裝幀華美的書籍中，堪稱一絕。

一九三五年，被佐藤發掘才華的太宰治（一九〇九—一九四八），也是這群青年裡的其中之一。太宰極欲奪下才剛創立不久的芥川賞，於是寫下了〈創生記〉（《新潮》一九三六年十一月），這部揭露小說，暗指佐藤曾經約定好要讓他獲獎。佐藤因而受到文壇部分人士批判，他遂也以〈芥川賞〉（《改造》一九三六年十月）這部作品做出反向辯論，此舉也引發了社會的譁然。雖然有著這樣的尷尬與矛盾，佐藤直到晚年仍未動搖他對太宰才華的信任。從井伏鱒二（一八九八—一九九三）、保田與重郎（一九一〇—一九八一）、檀一雄（一九一二—一九七六）等戰前入門的「弟子」，到戰後的井上靖（一九〇七—一九九一）、柴田鍊三郎（一九一七—一九七八）、安岡章太郎（一九二〇—二〇一三）、吉行淳之介（一九二四—一九九四）等人的相繼加入，佐藤家的客廳可謂名士濟濟，熱鬧非凡。

佐藤家能夠如此充滿生氣，也歸功於千代夫人（一八九六—一九八二）熱情迎客的德望。但一九二〇年，佐藤遠走臺灣的原因，卻也與千代夫人有著很深的關係。他和千代夫人初識於一九一七年，當時的她，是賞識佐藤才華的大恩人谷崎潤一郎的妻子。但谷崎對於端莊賢淑的千代夫人，卻有所不滿。

太宰治在徵兵檢查時拒絕剃髮，不久後就把這兩張照片附在 1936 年 7 月 27 日寫給佐藤的信中。當中戲謔地寫道「不惜花顏，當惜蓬髮」、「我家族的男人一到三十歲就都禿了」。

臺灣之旅的功臣——東熙市與森丑之助

佐藤以最初的結婚生活爲題材寫下《田園的憂鬱》，進而享譽文壇，但當時他的妻子遠藤幸子已經離開他的身邊，隨後女演員米谷香代子成爲了佐藤的第二任妻子。但香代子與佐藤的弟弟過從甚密，後來佐藤從弟弟的懺悔中得知此事，便對於妻子有了不信任感，令他十分痛苦。另一方面，與佐藤日日有所往來的谷崎潤一郎也開始疏遠他的妻子千代，並偷偷愛上千代的妹妹，她與千代全然不同，個性活潑俏皮。被親人背叛、遭到孤立，佐藤不禁對與自己有著相同境遇的千代深感同情。對她的憐惜最終高漲爲愛意，佐藤雖然不斷壓抑自己的情緒，卻也深感此時的自己，還無法斷除必須繼續在妻子娘家生活的現狀。

一九二〇年二月，憔悴的佐藤爲了重新振作，遂抱著封筆的覺悟回到了新宮。初夏已臨，他在街上偶然地遇見了舊友東熙市（一八九三—一九四五，戶籍上名字寫爲「東熈市」）。他是佐藤就讀新宮中學時的同年級生，就讀東京齒科醫學專門學校期間，也曾在東京與慶應時代的佐藤共賃一寓。他說自己如今已渡臺灣、結了婚，並在打狗（一九二〇年十月一日改名高雄）經營牙科診所。聽完佐藤的話後，東熱情地邀他同赴臺灣，於是他們路過大阪、廣島，從

東熙市，三重縣出身，是佐藤中學時代的摯友，1914 年赴基隆工作，1917 年 5 月任職於打狗的岡田診所，後獨立開業。此後輾轉待過臺南、廈門、香港、馬六甲與廣東。豪爽勤奮且外語流利。終戰隔天因肺結核在臺北病逝。

門司搭乘備後丸（日本郵船），然後在一九二〇年七月六日清晨抵達基隆。之後途經社寮島（現爲和平島）與臺北，乘上了夜間列車，於隔天清晨抵達高雄。而在落成不久的東宅迎接他們二人的，是東的妻子操（一八九九—一九九〇；名字通常不寫漢字，寫爲ミサヲ，下同）和妹妹恒（ツネ）。操是女子英學塾（後改名爲津田塾）中途休學的才女，擅長騎馬和跳舞，恒則是技術一流的無線電操作員，此時的東宅散發著一股明亮、華麗的氣氛。爲了不打擾忙於問診的東，白天佐藤經常和東四個月大的長女照（一九二〇—，現年一百歲；テル）玩耍，晚上則與東和他的友人陳聰楷（一八九二—？）、牙科助手鄭享綬等人連日上街，飲酒作樂。

本來幾乎已無法再當作家的佐藤，因爲與東熙市重逢，將他救出了絕境。他的這趟臺灣、福建之旅一直持續到十月十五日爲止，此中見聞也讓佐藤寫出了許許多多作品，並成功地重返文壇。旅臺期間，受惠於東的引介，拓展了佐藤在日本、臺灣、中國的交友深度，也進而提升了他的作品質量。東最大的功勞，就是特地居中牽線，引介佐藤與原住民研究者森丑之助（號丙牛，一八七七—一九二六）相識。這是因爲東的畫家堂兄東宗七（號其石，一八八六—一九二七）對原住民工藝有著濃厚的興趣，同時也受到了森的關照，

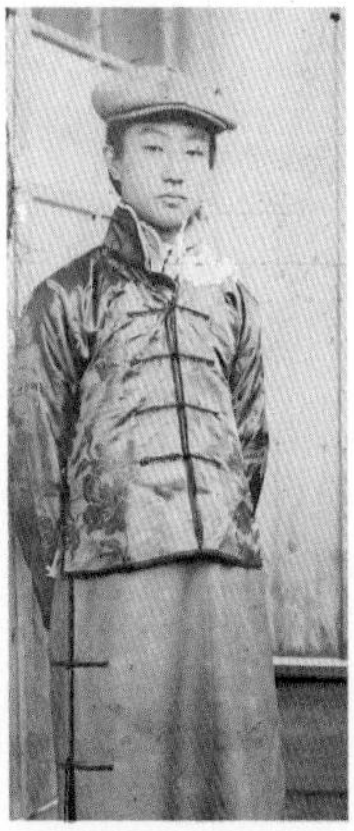

陳聰楷為舊城（左營）出身的地方名士，也是東熙市診所的金主之一，帶佐藤遊覽臺南與鳳山。佐藤在〈鷹爪花〉中形容他是「秀氣的美男子」。

東熙市的妻子，1918 年結婚。擅長跳舞、騎馬的聰慧女性，娘家從北海道開拓地赴花蓮吉野村開墾。女兒照於 1920 年誕生。

才能建立這樣的交流。而森給予佐藤的協助近乎奉獻，程度教人吃驚。他說服了總督府的總務長官※下村宏（號海南，一八七五－一九五七），在當時沒有許可不得進入參訪的原住民生活領域，給予佐藤各種方便。不光如此，還幫佐藤擬定了從臺灣南部至中部，包含高山地帶的詳細旅行計劃，還在佐藤十月一日抵達臺北時，招待他在自家留宿兩週之久。而佐藤那些向森習得的臺灣原住民深厚知識，也成爲了〈霧社〉（《改造》一九二五年三月）、〈魔鳥〉（《中央公論》一九二三年十月）、〈奇談〉（《女性》一九二八年一月，後改名爲〈太陽旗之下〉）等名作的基礎。

琉璃珠物語——感謝、友誼、戀情

今年，透過在臺灣文學館開辦的紀念展，我在佐藤春夫遺族盛情公開的資料中，也發現了幾項寶貴的新事證。例如佐藤的臺灣和福建之旅，後來雖是以《南方紀行》（新潮社，一九二二年四月）和《霧社》（昭森社，一九三六年七月）兩冊的形式各別刊行，但在旅行結束後的一九二一年，曾有將福建與臺灣之旅合於一冊的刊行計畫。這項計畫的具體內容，可在兩項新發現的目錄規畫案中看見。

※ 編註：總務長官，相當於副總督地位。官職原名民政長官，於 1919 年 8 月改名為總務長官。

《霧社》。特製版，1936 年 7 月，昭森社。梅原龍三郎裝幀。此豪華特製本是限定本的第一號，上有佐藤親筆簽名，致贈給昭森社的森谷均。

《南方紀行》。 1922 年 4 月，新潮社。福建之旅的紀行文集。從日本旅人的角度，記錄在護法運動與五四運動中紛擾不已的中國，這類型文章極為罕見。

還有，以福建泉州爲舞臺的作品〈星〉（《改造》一九二一年三月），在《南方紀行》中曾提到過，這是以廈門旭瀛書院的教員徐朝帆（一八八九—一九四一）所述的陳三五娘故事爲基礎所寫下的作品。這次新發現的物件中，有兩本石版印刷的小型刊物，這是由廈門會文堂書局發行的歌仔冊（傳統歌劇唱本），應該是佐藤於旅途中買回作參考之用。

此外，還有一項可視爲文壇資料的逸品必須特別留意，那就是從千代夫人的遺物中發現的琉璃珠；它被收藏在臺北小川商店的戒指盒裡。當時的日本人經常穿著和服，不管是做女子腰帶的環扣（從帶子上方紐緊的扣子），或是當男子菸袋的捆繩（吊飾）裝飾，古色古香、玻璃製成的琉璃珠都格外受到珍惜。臺灣的琉璃珠是排灣族經由海上貿易取得，並作爲家寶首飾代代相傳的，因此並不容易到手。在佐藤的作品〈奇談〉中有段插曲，提到原住民頭目將不少的琉璃珠直接送給了森丑之助。推測是佐藤得到了其中一顆，也從森宅取得大小適當的珠寶盒，並將琉璃裝入其中，帶回日本，然後轉贈給千代夫人。這段過程，有著趣味無盡的故事。

從臺灣回到內地的佐藤結束了與米谷香代子間的關係，此時的他正住在谷崎家中。另也在谷崎的殷切期望下，總算是雨過天晴，佐藤與千代開始交往。

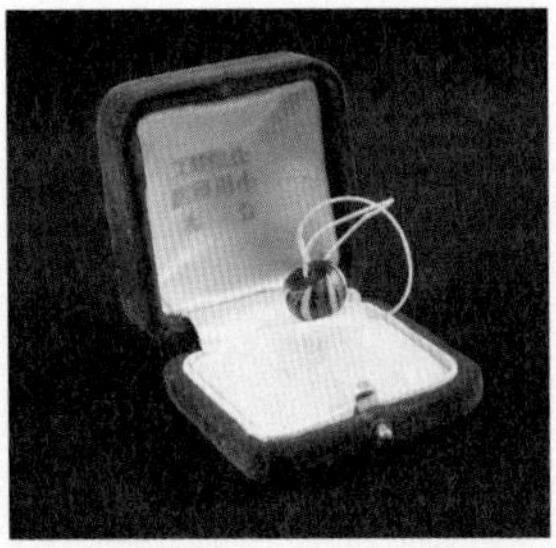

千代的遺物琉璃珠。佐藤將森所給的原住民裝飾品送給千代，記念二人戀情。

歌仔冊。佐藤旅行福建期間，口譯員徐朝帆講述「陳三五娘」故事，本書可能是為了日後參考而購買。

推測佐藤就是在此時將來自臺灣的紀念品琉璃珠贈予千代，作為腰帶環扣的。沒想到後來谷崎竟然反悔，兩人就此決裂，激烈的回擊結果，也讓佐藤不得不斷絕與谷崎夫婦的交往。這個文壇史上著名又痛苦的「小田原事件」，讓佐藤寫出了《殉情詩集》（新潮社，一九二一年七月）與〈秋刀魚之歌〉（《人間》一九二一年十一月）等大正日本具有代表性的抒情詩作。特別是〈秋刀魚之歌〉中的一節：「秋刀魚啊，秋刀魚，秋刀魚是苦還是鹹呢」，在感傷的大正時代被讀者們愛詠，此節也成為了近代日本經典名句，並成就了佐藤春夫的不滅之名。

這顆小小的琉璃珠雖然無法言語，卻隱藏著足以撼動靈魂的無數故事。排灣族頭目贈予森丑之助的感謝印記，森丑之助交付於佐藤春夫的友情紀念，以及佐藤春夫贈予千代的愛情憑證。一九二一年在小田原分別的兩人，在不可思議的命運導引下，終於在一九三〇年結為連理，此後千代夫人便時而將這顆琉璃珠隨身攜帶，追憶年輕時的悲苦戀情。

多元觀點的旅行文學

在一九二〇年的殖民統治時代，臺灣的住民是由「內地人」（來自日本的

許媽葵，鹿港人。1919 年自臺中中學校畢業後，在臺中廳（後改制為臺中州）擔任書記與口譯員，富有不畏權勢的反抗精神。

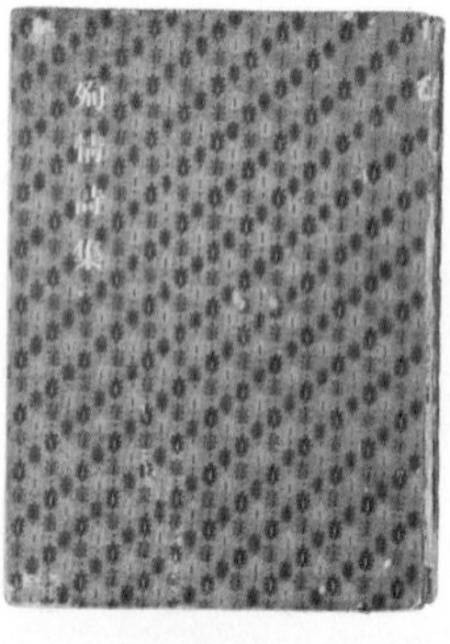

佐藤親自裝幀的第一本詩集《殉情詩集》，內容歌詠對谷崎千代的愛慕，在抒情當道的大正時代蔚為流行。裝幀採用領帶花紋，瀟灑而廣受好評。

移民）、「本島人」（臺灣漢人）、「蕃人」（原住民）這三個群體所構成。佐藤雖是來自「內地」的旅人，卻在森丑之助的引介下加深了對原住民的理解，也透過東熙市的人脈，接觸到臺灣漢人的日常生活。他不偏頗於「內地人」立場的公正觀點，便是佐藤的臺灣旅行文學今日仍被高度評價的魅力所在。

由臺中州廳引介的鹿港人許媽葵（字文葵，一九〇〇—一九六八）也身負極大的任務。佐藤在他的導覽之下，得到了鹿港詩人洪棄生（一八六六—一九二八）的詩集，也才能與鹿港的書法家鄭貽林（一八五九—一九二七）、葫蘆墩（現在的豐原）的畫家呂汝濤（一八七一—一九五一）、阿罩霧（現在的霧峰）的民族運動家林獻堂（一八八一—一九五六）等人見面。在後年發表的〈殖民地之旅〉（《中央公論》一九三二年九月、十月）中，詳細寫出了臺灣文人社會對於日本統治方針的不滿之聲與不屈精神，種種的體驗，也對他形塑〈女誡扇綺譚〉（《女性》一九二五年五月）中出現的漢詩人世外民產生了巨大影響。

作品〈旅人〉（《新潮》一九二四年六月）與〈奇談〉（同前）所要傳達的是：在「內地」失去容身之處、對「新天地」抱有美夢而流轉至臺灣的女性之悲歌。且從中也浮現出殖民地的複雜結構：「內地人」雖然位處政治的統治階層，但

林獻堂，阿罩霧（今臺中市霧峰區）人，1921 年向帝國議會提出「臺灣議會設置請願書」，並於同年成立臺灣文化協會，1927 年與蔣渭水、蔡培火等人成立臺灣民眾黨，1949 年為療養身體而移居日本。

鄭貽林，原籍福建，1879 年移居鹿港，1897 年與洪棄生等人共創詩社。他擅長隸書，與同在鹿港的鄭鴻猷齊名。

洪棄生《寄鶴齋詩譽》。佐藤在鹿港遇見嚮導許媽葵的同窗洪炎秋，聽說其父為著名詩人洪棄生後極欲拜訪，卻被厭惡日本政權的洪棄生所拒。許媽葵轉贈私家版的本書，佐藤春夫深受其中內容所魅惑，長年置於自家書房。

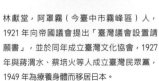

就個人而言，並不必然是個「強者」。此外，在〈女誡扇綺譚〉的結尾，那位婢女（「嬸媒嫺」）因爲被主人強迫嫁給「內地人」，導致與戀人的感情決裂，記者爲了揭發怪談的眞相，窮追猛打的結果，招至婢女殞命的悲劇。筆下之人在不知情的狀況下犯下了深重的罪孽，這個問題的例舉不僅也適用於現代，更不容忽視的是，佐藤對當時女性境遇的透徹觀察。

被迫接受與自身文化主體性相異之國籍與文化的臺灣人，與在內地無法生存而遠渡此地、造就這塊殖民地的日本人，因此，在某種意義上，我們不妨將這個社會，看作是由這群「失去故鄉的人」所創造的。佐藤的臺灣旅行文學至今仍然持續閃耀的秘密，或許就是因爲其中毫無遺漏、精心地描繪了這群立場相異者的各種「失去」樣貌吧。

《旅人》，1924 年 10 月，新潮社，佐藤春夫裝幀。描寫對日月潭旅館的苦命女服務生的憐憫之情，也為逐漸失去傳統文化的原住民感到擔憂。

小專欄

心碎的春夫，療傷的臺灣：小田原事件

一九二〇年，已經在東京成家立業的青年，特地渡海來到臺灣旅行的理由是什麼？想看大日本帝國的殖民地？想感受南方特異的風土？對佐藤春夫來說，旅行最直接的理由是——遠離傷心地。

一九一六年，佐藤春夫與一同度過東京郊外生活的遠藤幸子離婚，又與幸子的後輩米谷香代子同居。這段在田園經營婚姻生活的挫敗，讓佐藤春夫寫出〈田園的憂鬱〉而成名；這位來自和歌山新宮市的青年，志於文學而來到都會東京，與崇敬已久的谷崎潤一郎終日談論藝術與創作，建立亦師亦友的親密關係。

佐藤（左）再婚之際，谷崎（右）造訪佐藤老家，在勝浦赤島溫泉所拍攝的照片。

遠藤幸子、米谷香代子都是劇團演員，在文人與女明星的配對方面，佐藤春夫似乎也與谷崎潤一郎相似。谷崎潤一郎的妻子千代曾是藝妓，結婚後照料作家起居，支撐起這常有文人雅士進出的家庭，只是丈夫的心卻轉向更爲青春閃耀的妹妹（名爲「せい子」，通常不寫漢字）。與此同時，春夫發現弟弟秋雄與香代子之間也產生不倫之愛，他卻也無法完全厭惡弟弟。在陷入手足之愛與夫妻之情的矛盾拉扯之際，春夫對於渾然不覺於配偶與手足之間情愫的千代心生同情，更加溫爲戀慕。

千代，出生於群馬縣前橋市，1915 年與谷崎潤一郎結婚後備受冷落，佐藤結束臺灣旅行後二人曾計畫再婚，卻不得實現。這是當時千代贈與佐藤的照片。

佐藤春夫想做個好哥哥原諒秋雄，也想扮演好丈夫原諒香代子，這已經夠兩難了，他還必須壓抑對於師母——千代的感情。佐藤春夫因此得了神經衰弱，並於一九二〇年回到故鄉新宮市。一日走在路上，偶遇中學舊友東熙市，他在臺灣居住並執醫，正爲了籌措建新醫院的經費回故鄉。東熙市力邀春夫來臺遊覽，這才促成了青年作家的殖民地之旅。佐藤春夫懷著在親情、友情、愛情關係之中的擺盪與糾結，來到臺灣旅行，所思、所見的空間景物、人情故事，也都映照出當時他的心境，使其筆下的臺灣，成爲一塊安放他的情傷，並療癒他的南方島嶼。

至於師生手足多角戀的結局，這次旅行反而成爲春夫毅然向千代告白的催化劑。回日本後，春夫決定與香代子分開。谷崎因想與せい子結婚，也樂於讓佐藤春夫追求千代。然而如同推骨牌一般，因爲せい子拒絕谷崎，谷崎回頭發現千代的美，進而反悔與春夫的「讓妻」約定，佐藤春夫與谷崎潤一郎這對文壇師友因此翻臉絕交，直到雙方各自分合，一九三〇年佐藤春夫才與前師母千代結爲愛侶，終身不渝。

這段恐怕連當事人也難以分明的因緣，是日本文學史上著名的「小田原事件」，促使佐藤春夫文學產生劇烈的轉向。他又開始寫詩，以古典風格吟詠戀愛苦澀的《殉情詩集》（一九二一年）廣爲人愛。散文風格也有所變化。從誇張怪誕的怪異小說，開始轉爲描寫落魄男性追求平凡幸福的心境，《南方紀行》、〈旅人〉等臺灣、福建相關作品，也是在這個事件之後的產物。

右起為佐藤春夫、方哉（佐藤與千代之子）、千代、鮎子（谷崎與千代之女）。攝於小石川自宅。

第二章　旅行的方向

一百年前的一九二〇年，臺灣成爲殖民地已經二十五年，臺北從三市街合而爲一座初具雛形的都市，留學生則在東京組織社團，要提升故鄉的文化水準。佐藤春夫二月返回新宮療養，巧遇中學好友東熙市。這位在東京時期也曾與春夫同住的老友，已經在臺灣開設牙科診所，眼見春夫爲情憔悴，就邀請他同赴臺灣散心。已負盛名的佐藤春夫來臺，也讓殖民政府想搭順風車宣傳統治成效。

事後證明，這趟旅行，讓文豪與彼時傳統詩文發展成熟、新文學正待萌芽的臺灣，碰撞出絢爛的火花。

那時的臺灣，是日本帝國拓展資源與市場的殖民地，更是專業人才大展身手的新天地。佐藤春夫原本對臺灣一無所知，但他的足跡卻踏遍臺灣西部、深入山地，對臺灣的新舊文化、原漢族群、殖民統治、女性處境等產生深刻認知，而這皆有賴於森丑之助與下村宏的引導與安排。

森丑之助是臺灣原住民研究者，教導佐藤春夫認識臺灣的基礎知識，規劃路程，並特別安排春夫踏訪臺灣高山。下村宏時任總務長官，除了借春夫名氣宣傳臺灣治理成果的官方目的，更基於和歌山人同鄉情誼，爲其安排住宿與嚮導。這兩位分別代表民間、官方的引路者，加上好友東熙市家族，使佐藤春夫獲得一趟突破視野與心境、拓展個人經驗與創作能力的生命巡禮。

距今百年前的盛夏，佐藤春夫抵達基隆，展開由南到北的臺灣之旅，中間並曾前往廈門、漳州。此行正逢臺灣島內推行議會設置請願運動、殖民政府力倡通婚與同化政策，以及中部山地發生撒拉馬歐事件的時期。佐藤春夫與日本官僚飲宴，與臺灣傳統文人論藝交遊，更與反對殖民統治的人士如林獻堂議論深談。在福建滯遊期間，他的交遊也遍及日、中、臺人。在這趟初次海外經驗中，佐藤春夫的交通方式、旅行足跡、拜訪對象，都有助於他察覺文化符號與地域政治問題的交纏，族群與語言文字歧異的溝通困境。

佐藤春夫眼中的臺灣——關於原住民、臺灣人以及對總督府的批判

◎河原功——著　鄒易儒——譯

前言

在日本「內地」文壇，以臺灣爲題材的作品不在少數，而其中內容既貼近臺灣實情又獲得高度評價的作家，則非佐藤春夫莫屬。

一九二〇年夏天，佐藤春夫在老友東熙市（於高雄開設牙科診所）的邀請下赴臺灣旅行。兩人抵達臺北後，即刻前往拜訪臺灣總督府博物館的代理館長森丑之助，並以此爲契機，獲得總督府總務長官下村宏的特別待遇。當時臺灣總督府爲了吸引更多「內地」資金而積極宣傳臺灣，知名作家佐藤春夫來臺旅行可謂求之不得的好機會。於是森丑之助在向下村宏說明之後，爲佐藤春夫此行謀得許多方便，而當局也希望佐藤春夫能投桃報李，多寫幾篇以臺灣爲題材的作品。從擔任中間人的森丑之助寫給佐藤春夫的信件《森丑之助致佐藤春夫書信》（和歌山縣新宮市立佐藤春夫紀念館，二〇〇三年）可知，總督府對佐

到熊野市鬼城遠足時所攝，1909 年。佐藤春夫在最上排。下排右 4（舉手者）為東熙市。當時的佐藤是愛讀文學、批判學校教育而被停課的叛逆少年。

藤春夫期待甚深。

佐藤春夫以這次遊歷臺灣的體驗爲基礎，陸續發表〈女誡扇綺譚〉等與臺灣相關的小說及紀行文。然而，當中亦有不少作品與總督府的期待相違，以原住民爲主角的〈魔鳥〉、〈霧社〉，以及文中出現形形色色臺灣人的〈殖民地之旅〉正是屬於此一類型。

〈魔鳥〉

〈魔鳥〉（《中央公論》一九二三年十月）是描寫臺灣原住民傳說的作品。佐藤春夫雖未具體指出該作舞臺的所在，卻在行文之間夾雜著可供辨識的描述，諸如「我在此次旅行中，也看了某個文明國的殖民地」、「這個相當大的島嶼有大部分乃是所謂的蕃地」、「對想在蕃地隨處走走的旅行者而言，當時，那地方也是最佳之處」、「我在那前夜，在一個蕃人部落的警察署住宿了一個晚上」，以及翌晨天未明時，爲了欣賞浪漫的光景，「我被兩個全副武裝的警察左右保護著」出發前往深山等。由這些敘述可知，該地即爲佐藤春夫親自造訪的臺灣霧社。

東熙市診所位於照片中洋房的後方，1921 年東移居臺南，高雄的診所讓給同事高野福次經營。位於今千光路。

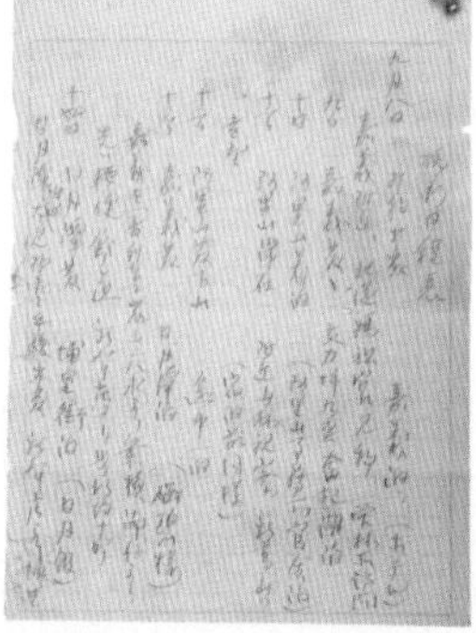

森丑之助致佐藤春夫書信的一部份。森寄給佐藤的詳細旅行日程計畫，托森之福，佐藤才能深度體驗臺灣生活。

而〈魔鳥〉中的傳說故事則是透過「我」的行李挑夫娓娓道來，當中的一段情節摘要如下：

「某個文明國的軍隊」，「他們完全毫無理由地命令不反抗的蕃人說：你們投降吧！」。軍隊對願意歸順的原住民男性表示「會分別發給禮物」，並將他們集中到建築物內，再從緊閉的建築物外放火，燒死了八十餘人。接著宣稱「這個蠻社的蠻人們在平常就是最兇暴的一族」，然後繼續行軍。

對臺灣總督府而言，原住民歸順與否並非問題所在，屠殺原住民並且不斷進軍，才是統治臺灣全島的當務之急。佐藤春夫藉由深入霧社，並參考森丙牛關於原住民的解說，掌握了日本的殖民政策與臺灣總督府理蕃政策的實態。站在訪臺作家的立場，他選擇對臺灣總督府當局加以批判。

〈霧社〉

〈霧社〉（《改造》一九二五年三月）是佐藤春夫在一九二〇年九月撒拉馬歐事件※爆發之後即造訪霧社，並根據自身體驗創作而成。

在前往霧社的途中，佐藤春夫目睹因患梅毒而缺了鼻子的男人，發現他們

※編註：撒拉馬歐事件，或也稱薩拉矛事件、青山事件。是一起因「以蕃制蕃」政策所引發的屠殺事件，發生於 1920 年 9 月。臺灣總督府為了壓制臺中州泰雅族的撒拉馬歐社（泰雅語 Slamaw，即今梨山），故以威脅利誘等方式，令賽德克族頭目莫那魯道前往鎮壓。詳細亦可參考本書收錄下村作次郎文章〈佐藤春夫與臺灣原住民——森丑之助的地位〉。

的社會已被文明病入侵，暴露出不衛生的一面。他也從男人會爲了僅僅五錢搬運費而爭搶行李、粗劣的「內地」商品陳列在霧社物品交易所內，以及少女毫無罪惡感、坦然賣春等現象，了解到原住民已被扭曲的經濟社會收編。而在參觀公學校的授課時，一味灌輸日本教育的日本人教師，以及缺乏實際體驗卻被迫接受日本教育的原住民兒童，皆令他心生憐憫。此外，他還看見被動員來善後撤拉馬歐事件的「味方蕃」（意即站在日本殖民者方的原住民）興奮地玩著騎馬打仗，沉浸在戰鬥的激昂氣氛中，他的腦海遂浮現同族之間相互征討的情景，內心不禁五味雜陳。另一方面，旅館女侍看見同爲原住民的照片後喊著「蕃人、蕃人」的天真雀躍、前往能高途中與作陪的少年間愉快的對話，以及下山之際負責搬運行李的少女的勇氣，在在讓佐藤春夫對原住民留下良好的印象。

〈殖民地之旅〉

在上述兩篇作品之外，透過〈殖民地之旅〉（《中央公論》一九三二年九月、十月），則能夠了解身處殖民社會的臺灣人心境。

當中登場的幾名臺灣人各爲不同類型。擔任嚮導兼祕書的青年A君，他身爲臺中州廳的基層官員，爲求發達而聽命於日本人，私下卻又激昂地批評殖民

當時的明信片，左為水社杵歌，右為霧社少女。

政策；至今仍保留髮辮的著名漢詩人，他厭惡清朝與日本，不與人應酬，且不斷在詩作中展現頑強的抵抗意識；而與漢詩人互爲對照的則是他的兒子——對未來充滿抱負，想赴日本內地汲取新思想卻無法如願。此外，尚有書法家鄭貽林，他待人和善，全心投入於翰墨之中，竭力過著充實的人生；不過問時事的業餘畫家，安於地主的身分，滿足於描繪稚拙的畫作；以及公然批判臺灣總督的施政方針，對殖民政策懷有強烈抵抗意識的「林熊徵」等。這些角色正是當時臺灣社會中，典型且互爲對照的臺灣人代表。

雖然除了鄭貽林之外，文中並未透露其餘人物的本名，但實際上，擔任嚮導兼祕書的A君是「許媽葵」，漢詩人爲「洪棄生」，其子則爲「洪炎秋」。此外，「林熊徵」雖爲眞有其人的財界名士，然在此登場的應是臺灣社會運動的領袖「林獻堂」。儘管要探究這些人物的眞實姓名並非難事，但佐藤春夫如此用心著墨，全因他「切望莫累及任何人」。而在佐藤春夫這般煞費苦心的顧慮之下，隱隱可見的正是臺灣總督府的強權。

再者，〈殖民地之旅〉的發表時間，已是佐藤春夫到訪臺灣的十二年後，相較於其他的臺灣相關作品甚至遲了七年之久。那麼，他爲何時隔七年突然發表該作？這在啟人疑竇的同時，更顯示佐藤春夫藉此賦予這一整趟臺灣之旅意

洪炎秋。鹿港人，曾在北平師範大學等校任教，戰後擔任臺灣大學中文系教授，並參與創刊《國語日報》。他身為新世代的知識分子，與父親洪棄生形成鮮明對比。

洪棄生。鹿港人，1889 年秀才。參與 1895 年臺灣民主國抗日失敗後改名繻，字棄生。佐藤未能如願拜會，但對其文人氣節印象深刻。

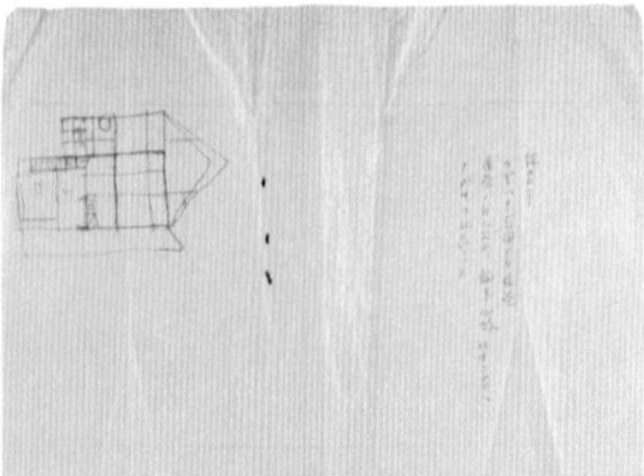

〈殖民地之旅〉的筆記手稿。

義的決心。

〈殖民地之旅〉在日本的《中央公論》上分為兩次刊載，在臺灣則被禁刊。我曾經很長一段時間認為禁刊的理由，是十月號所刊載的該作後半部中，記錄了林獻堂對臺灣總督與臺灣統治的批判。林獻堂在佐藤春夫面前批評總督府對臺灣人的政策朝令夕改，一遇新舊總督交替，施政方針便會在「平等論」、「親和論」與「同化論」間擺盪。他甚至宣稱可以接受日本人被同化為臺灣人，但要將臺灣人同化成為日本人就豈有此理了。不過，我後來確認過臺灣大學總圖書館與法律學院圖書室所藏的《中央公論》，才發現禁刊的理由，其實在於刊載該作前半部的九月號。其中記錄許媽葵表達對臺灣人抗日分子的支持，以及批判官方任意變更地名的政策。他身為臺中州的雇員，這些言論勢必難以見容於當局。

〈殖民地之旅〉連同〈太陽旗之下〉、〈女誡扇綺譚〉、〈旅人〉與〈霧社〉，後來都收錄於作品集《霧社》（昭森社，一九三六年七月），但是再版的《霧社》（昭森社，一九四三年十一月）面世時，〈殖民地之旅〉已不復見，改由其他小品文取代。對我而言，這件事可說是莫大的衝擊——原來在戰爭期間，即便是日本內地亦無〈殖民地之旅〉的立足之處。而這正是因為我實際取得了初版

1943 年《霧社》再版。因應日本戰爭中的敏感局勢，描寫臺灣居民不滿的〈殖民地之旅〉，在本次再版中刪除。

與再版的書籍，並加以比對才能夠有所發現，若是僅閱讀全集本則將無從察知。

這樣的〈殖民地之旅〉蘊藏了諸多疑點，包括登場人物姑隱其名、發表時間延宕、在臺灣遭到禁刊，以及從再版的《霧社》中消失等，我們應盡可能從這些疑點之中，讀取佐藤春夫所欲傳達給讀者的訊息。

結語

佐藤春夫雖然身爲總督府的上賓而享有各種禮遇，發表的作品卻不流於阿諛奉承。他以溫柔的眼神凝視生活於臺灣的人們（一般的日本人、臺灣人與原住民），卻又以精巧的手法坦然批判臺灣總督府與軍隊。藉由理解佐藤春夫以臺灣爲題材的作品，著實令我們受惠良多。

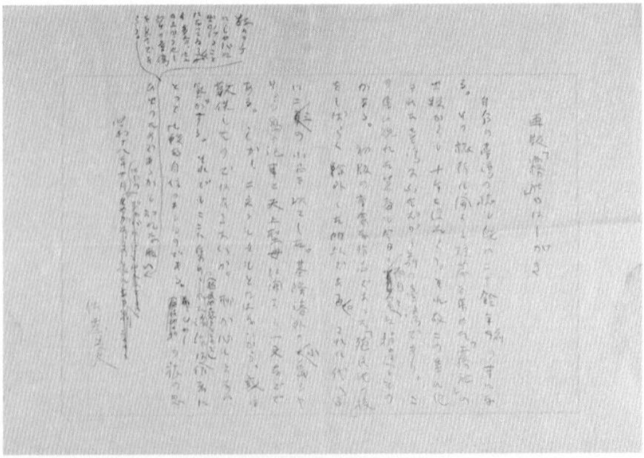

再版〈霧社〉序文。這篇序文寫於即將以從軍視察身分赴爪哇島，當中提到「或許能從空中看見久違的臺灣」。

二水的增澤深治（1878-1942）與臺灣電力相關人員，1924 年 10 月 22 日。左 1 是出現在〈旅人〉的「運輸業者」增澤深治，他在二水的宅邸廣集植物並命名為萬樹園，提供來視察日月潭電力工程的高官作為休憩所。中間坐姿者是伊澤多喜男總督，右後方是臺灣電力社長高木友枝。

佐藤春夫的臺灣行旅地圖

◎邱若山

前言

二〇二〇年，是日本新的天皇登基即位後的令和二年；一〇〇年前的一九二〇年，則是現在天皇曾祖父的大正九年。這一年，如今看來，應該可說是臺灣與日本近代文學史上，最關鍵性的一年。因爲，就在這一年夏天，當年二十九歲，兩年前以中篇《生病的薔薇》亦即之後的《田園的憂鬱》以及〈西班牙犬之家〉等短篇佳作，成爲大正文壇新星閃耀登場，之後享譽大正、昭和文壇的名作家佐藤春夫，來到了當時的日本殖民地臺灣旅行。

日本統治臺灣前後五十一年之間，作家到臺灣旅行，大多集中在昭和十年代（即一九三五年）以後，特別是在進入戰爭期之後；明治大正年間則甚少重量級的作家造訪臺灣。明治時期作家對新殖民地好奇，多將臺灣寫入小說中，名著如德冨蘆花《不如歸》、島崎藤村《新生》均是如此，但作家並沒到過臺灣。森鷗外則有隨北白川宮能久親王征臺的漢詩、小說〈羽鳥千尋〉、《北白川宮

佐藤春夫所繪，〈薔薇〉。以「花痴」自居，一生喜愛畫花。花中尤重薔薇，在佐藤文學象徵著高貴的藝術。

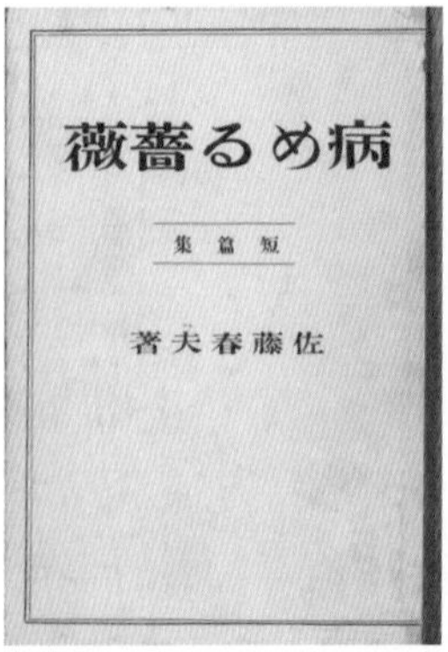

佐藤春夫的第一本著作集《生病的薔薇》，收錄 9 篇作品，並由谷崎潤一郎寫序。〈生病的薔薇〉是〈田園的憂鬱〉未定稿的標題。

能久親王》等。有別於明治期作家多前往歐美留學，接受西洋近代文明的洗禮（二葉亭四迷留俄、森鷗外留德、夏目漱石留英、永井荷風留美法），大正期的作家興起一股旅行熱，主要前往中國、滿州、朝鮮，谷崎潤一郎、芥川龍之介等皆前往中國旅行，卻未到過臺灣。於大正期旅行臺灣並寫下許多以臺灣爲舞臺的小說、紀行文章，爲臺灣的日文文學留下巨大資產的最大級作家，則非佐藤春夫莫屬。

在三個多月停留臺灣的期間，佐藤春夫以高雄爲據點，遍訪左營、臺南等南部各地，其間更渡海到對岸福建的鼓浪嶼、廈門、漳州、集美等地遊歷兩個星期左右。之後在回日本內地之前，展開由南到北的島內旅行。以這趟旅行的見聞所寫成的篇章，今日觀之，不但是佐藤春夫個人作家世界的開展，以及創作攀登高峰的達成，更是成爲臺灣近代日語文學的珍寶，充實了臺灣近代文學的內涵，更爲臺灣近代文學的發展帶來最深遠的影響。

佐藤春夫的旅臺契機與來臺後的行程

一九二〇年夏天因對文壇先輩摯友谷崎潤一郎的夫人千代的同情轉生愛戀，夾在友情與愛情的困境，憂鬱不堪，陷入極度神經衰弱而回故鄉新宮靜養的佐藤春夫，在街上巧遇爲了在臺灣的打狗（高雄）新建牙科醫院而回故鄉新宮籌款的中學時期的舊友東熙市。在東熙市的盛情邀約下，決定到臺灣旅遊。於七月初在下關搭乘備後輪，於七月六日抵達基隆港，開始了他遠遠超過原來的預定，長達三個多月的臺灣之旅。

此次佐藤春夫約三個月半的臺灣之旅，大可分爲四個部分。七月六日早晨抵達基隆後，搭當晚夜車南下，隔天早上到高雄住東熙市家，一直到七月二十一日啟程前往對岸旅行爲止的期間，以及八月四日從廈門出發、隔天回臺後，到九月十六日出發島內旅行前的兩段期間裡，他以高雄、臺南爲中心遍訪南部地方，可說是第一部分。七月二十一日至八月四日到對岸地方，也就是當時已進入日本勢力範圍的中國福建之鼓浪嶼、廈門、集美、漳州，爲期兩週左右的旅行，爲第二部分。九月十六日到十月一日的從南到北縱貫島內，以臺中爲中心的旅行，爲第三部分。十月一日晚間抵達臺北之後，作客森丑之助家，一直到十月十五日從基隆回日本內地的這段時間，可說是第四部分。

佐藤春夫臺灣旅行的行程與經過，以佐藤春夫的臺灣相關作品爲依據，根據筆者以及多位學者的研究，推測大致如下述。

第一部分：出發、抵臺以及南部停留

一九二〇年六月二十四日至七月二十日／八月五日至九月十五日

一九二〇年六月二十四日，他與東熙市從新宮出發，途中經廣島拜訪東熙市的兄弟，七月初於下關搭乘客輪備後丸，七月六日近午抵達基隆港。中午訪基隆港外社寮島（和平島）琉球人部落。下午搭乘火車至臺北，傍晚訪森丑之助於臺北博物館，與之相識並委託他制定旅行行程。當晚搭乘夜快車赴打狗（高雄），翌日清晨抵達，停留於東熙市宅的「東齒科醫院」。

七月二十日晚，則從高雄渡海到對岸地方旅行。八月四日取道廈門—基隆航路回臺，五日以後以高雄爲中心，走訪臺南、舊城（左營）、鳳山等南部各地，遊伴經常是舊城的陳聰楷。九月三日，體驗襲擊臺灣全島的大颱風。十六日則出發由南到北的島內旅行。

第二部分：對岸地方福建之旅

一九二〇年七月二十一日至八月四日

七月二十日搭船航行一晚，渡海到臺灣的對岸地方，二十一日起則歷訪中國福建省的廈門、鼓浪嶼、集美、漳州等地，大部分時間住在新高銀行廈門支

當時的明信片，1910 年代廈門寮仔後街。這是位在水仙宮前的歡場。佐藤與霧峰林家下厝林季商（閩南軍司令）的長子林正熊一起前來遊樂。

佐藤春夫所繪，〈支那廈門〉。這幅畫應是佐藤至廈門時所見的共同租界鼓浪嶼風景。

店長林木土位於鼓浪嶼的宅邸中。

第三部分：臺灣島內之旅，以臺中為中心※

一九二〇年九月十六日至十月一日

九月十六日出發，踏上由南到北的島內旅行。旅行計畫由森丑之助代為擬定，原預定九月八日啟程，因颱風影響，時程比原定慢了八天。十六日從打狗出發到嘉義，原預定前往阿里山參觀考察，因登山鐵路為颱風所襲，全程寸斷未完全修復，無法成行，故當晚在嘉義飯店住宿一晚，隔天早晨乘糖廠鐵道，到北港天上聖母廟朝天宮參觀，傍晚返抵嘉義。十八日則從嘉義到集集街，方式為早晨搭首班車到二八水（二水）轉乘，從湳仔（名間）改搭輕便鐵路，但因鐵路遭風災破壞，故半路步行接乘臺車，最後抵達集集街。當夜在旅館聽聞撒拉馬歐社（今梨山部落）暴動消息。十九日則從集集到日月潭，方式為乘坐椅轎走土地公安嶺舊道，於傍晚抵，並訪「水社化蕃」，欣賞杵音圓舞，住宿涵碧樓二泊。

二十一日從水社出發，乘坐椅轎抵達埔里，宿於日月館。二十二日以臺車、徒步等方式前往霧社，參觀物品交換所，泊於霧丘俱樂部（後來改為櫻旅

※ 編註：關於這部份的行程，本文作者邱若山與河野龍也各以不同理據進行考證，兩者對佐藤春夫9月20日至10月1日間行程之考證結果，日期出入為一天。
本書附錄以及特展展場之時程，則以河野龍也之考證作成。特此註明。

館）。二十三日則從霧社前往能高，當天早上先參訪了「霧社蕃人公學校」，傍晚抵達能高越，夜泊於海拔兩千八百六十公尺的能高駐在所宿舍。二十四日從能高返回霧社，一早先到能高越嶺道天池郵便交換所，接領東部來的信件，讓陪行的警丁交換郵件，「俯覽了腳下旭日與密雲模糊的海面和光耀灼目的絲河，以及直下的陡坡十八里程」的麗景；下山於日落時抵霧社，望見「十三夜月」（即農曆十三日晚上、接近滿月的月亮；換算該年日期為九月二十四日），因腳生水泡休養，第二天再宿於霧社的霧丘俱樂部一泊。二十六日從霧社經埔里，夜宿某山中小驛站，見抵臺後第三次月明（中秋明月；換算該年日期為九月二十六日）。二十七日從山中驛站出發，乘糖廠鐵道返抵臺中，宿於春田館，並通報州廳抵達消息。

二十八日，於臺中接受邀請出席臺中州知事（加福豐次）的晚宴。此後四天的行程，均由A君（許媽葵）嚮導。二十九日參觀鹿港天后宮，遇洪炎秋，本擬訪詩人洪棄生但未果，之後則訪書法家鄭貽林。三十日前往葫蘆墩（豐原），至神岡的筱雲山莊拜訪畫家呂汝濤。九月一日上午訪阿罩霧（霧峰）林家，與主人林氏（林獻堂）展開臺灣所見所聞及總督府統治政策的對話。之後，前後臺北。

第四部份：臺北及歸程

一九二〇年十月一日至十月十五日

十月一日上午前往臺北，於傍晚抵達，直至離臺爲止，皆作客森丑之助家。十月二日早晨訪總務長官下村宏於其上班之前。十月五日左右讀到一則號外，報導了警察航空班以飛機威嚇、鎮壓山地時墜機的消息。十月十五日傍晚從基隆啟程歸日本，十九日抵神戶，夜宿大阪，二十一日抵達小田原谷崎潤一郎家，暫居一週左右。之後訪問北原白秋於小田原。

下村宏。和歌山縣出身，1915 年擔任臺灣總督府民政長官（1919 年更名為總務長官），1945 年時為內閣情報局總裁並策劃出玉音放送（天皇親自朗讀終戰詔書）。下村為歌人，號「海南」，派祕書石井光次郎關照佐藤的臺灣旅行。

佐藤春夫來臺交通方式

佐藤春夫的一九二〇年臺灣之旅之所以能完成，除了內臺航線客輪航運網的完備之外，臺灣島內交通網也提供了旅遊順利到達目的地的條件。

首先是臺灣鐵道縱貫線。其於一九〇八年（明治四十一年）四月全線開通。佐藤春夫於一九二〇年七月六日搭乘備後丸抵達基隆後，搭舢舨訪社寮島，再從基隆車站搭縱貫線列車抵臺北訪臺灣博物館，之後搭乘夜行列車，翌日抵達高雄。七月二十日晚間搭船到對岸廈門之旅的回程，取道廈門—基隆航線，經基隆再回高雄。回內地時則一路旅遊到臺北，再從基隆搭船回日本。旅遊期間，包含途中下車、續乘，總共從基隆到高雄南下乘車二次，從高雄到基隆北上乘車一次。至於在南部活動期間，來往高雄—臺南，高雄—左營、高雄—鳳山之間，其利用次數則不得而知。〈女誡扇綺譚〉裡，來往於臺南—安平之間，搭乘的是臺車，佐藤春夫將之形容「得把自己當作土石任由台車搬運」。

其次是輕便鐵道。佐藤春夫原預定要前往阿里山，但因阿里山登山鐵道遭受颱風襲擊而寸斷，無法成行，留下旅途最大的遺憾。在二八水（二水）從幹線下車前往日月潭，換乘的是明治製糖會社的輕便鐵道，再從湳仔（名間）換乘的是臺灣電力公司的臺車。當時臺灣電力會社的臺車線經集集、車埕、新年莊、到達埔里。只是因爲颱風的破壞，輕便鐵路搭到一半便下車，再徒步銜接臺車到集集。佐藤春夫於此又將臺車描寫爲「內地的砂石搬運車，在臺灣是用來載人的」交通工具。之後的路程連臺車道也被破壞殆盡，因此，從集集到日月潭，是乘坐椅轎前往的。離開日月潭到埔里，也是乘坐椅轎。這條路線，後來臺灣電力公司爲完成日月潭水力發電廠的工程，而經營二八水到外車埕的鐵路，一九二七年（昭和二年）再被鐵道部收買，成爲集集線。

關於當時的交通狀況，佐藤春夫在跟林獻堂會談時，被問到旅行的感想時，他提到交通不便，而被林獻堂挖苦反諷。佐藤春夫從埔里到臺中，所搭的是帝國製糖臺中—南投線輕便鐵道。在A君的帶路下前往鹿港參觀，是到彰化換乘新高製糖鐵道彰化—鹿港線。到霧峰訪問，所搭乘的則是帝國製糖鐵道臺中—阿罩霧線。當時的輕便鐵道多爲製糖會社所建造營運，可謂四通八達。〈殖民地之旅〉裡，A君更述說媽祖祭典時民眾搭上車頂，無立錐之地的擁擠狀況。

輕便鐵道未達之處，則由臺車補足運輸。佐藤春夫除前述在臺南—安平、二八水換乘到集集之間，有過搭乘經驗外，從埔里前往霧社，也是搭乘臺車到眉溪。之後的行程，從眉溪到霧社，從霧社再到能高的來回旅程，則全靠徒步完成。而前往能高的道路，則因先年總督佐久間左馬太五年理蕃計劃征討原住民時所開闢，「道路可良」。這也爲佐藤春夫上能高提供了很好的旅行條件。

佐藤春夫旅行期間，正值總務長官下村宏施行臺灣地方制以及市庄街地名改稱時期，作品中打狗、二八水、葫蘆墩分別改名爲高雄、二水、豐原，正是這個時候。

臺灣鐵路縱貫線的海線、宜蘭線此時尚在興建計畫中。佐藤春夫或許沒有前往東部旅行的時間餘裕，但交通條件的不完備，應該也是森丑之助沒將東部排入行程的最決定性的因素。一九二九年（昭和四年）的德富蘇峰的臺灣之旅，則是繞行臺一周的旅行。

旅行記述與作品梗概

佐藤春夫旅臺作品有許多篇。〈彼夏之記〉是作爲單行本《霧社》（一九三六年七月）出版時的跋文，是佐藤春夫回憶此趟旅行的第一手資料。而在當時，基隆港是臺灣與「內地」（日本本土）間所謂的內臺航線旅運的唯一港口。〈社寮島旅情記〉這篇作品則紀載了在酷熱無比的近午時分下船後，佐藤春夫與東熙市搭舢舨到港口外邊的社寮島（現在的和平島），在琉球人小聚落喝泡盛酒、聽琉球女人彈三弦琴、唱琉球歌謠，並參觀了山另一邊的媽祖廟。在基隆的海灘、在車站搭上往臺北的火車上，他體驗了終生難忘的南國灼熱的印象。

停留臺灣南部期間的見聞，則成爲名作〈女誡扇綺譚〉、〈鷹爪花〉的題材。安平、臺南的禿頭港（新港墘）、高雄的舊城（左營）、鳳山、旗後都成了作品的舞臺。高雄的回憶則在佐藤春夫晚年的憶往、旅行記中經常提及。

而佐藤春夫依森丑之助的建議，在颱風季節來臨前，從高雄跨海到對岸，遍遊廈門、鼓浪嶼、集美、鷺江、漳州等地，並將經驗寫成《南方紀行——廈門採訪冊》（一九二二年四月），書中所收錄的作品，〈廈門的印象〉書寫初訪的廈門印象，日本勢力進入及反日的風潮；〈章美雪女士之墓〉寫鼓浪嶼的華僑豪宅與經營；〈集美學校〉寫南洋經營有成的華僑在家鄉展開新式教育的投資；〈鷺江的月明〉寫鷺江的美景以及林季商之子林正熊在廈門一擲千金的夜遊生活；〈漳州〉則寫陳炯明在漳州的經營以及許督蓮（許卓然）的定海經營及授陳炯明壓迫的慘況。〈星〉是在漳州夜泊宏仁醫院時，從隨行的帶路人徐朝帆聽到的，源於閩南當時流行於臺灣的經典戲碼，陳三五娘的故事。對岸之旅的主要案內者，是東熙市齒科醫院的助手，鼓浪嶼出身的鄭（鄭享綬），因他先行回臺，最後的漳州之旅沒有隨行。但此行中，佐藤春夫所訪之地，所見之人如陳鏡衡、朱雨亭等，所聞之事，均與鄭享綬有很深的關係。在大正後期，如前所述，作家訪問中國形成熱潮，但是進入中國南方，特別是福建旅行，將其見聞出版的知名作家，佐藤春夫之外無他。這本作品是表象近代日本與中國的關係，了解當時福建地區情勢，動盪的南方局勢的重要作品。

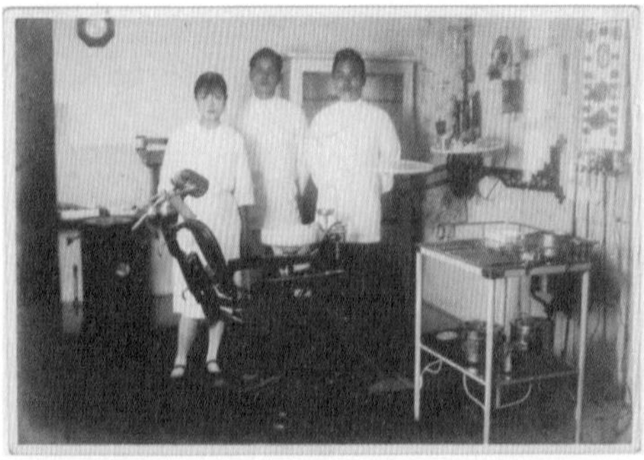

照片右邊為東熙市，居中者推測為鄭享綬。鄭是東牙科的助理，陪同佐藤赴廈門旅行。

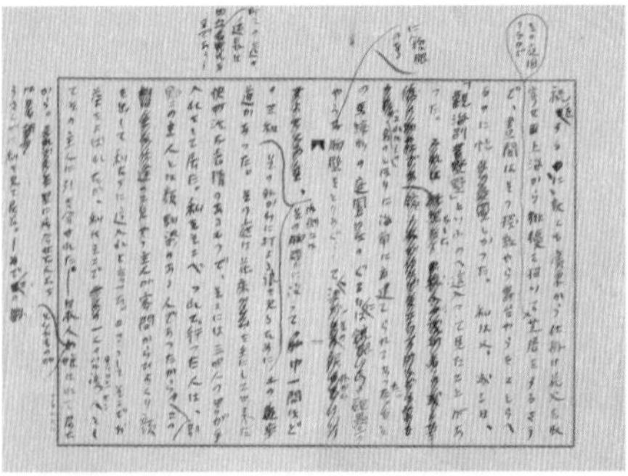

〈集美學校〉原稿。當中描寫時逢廈門排日運動高漲，佐藤喬裝成「臺灣人旅客」避禍，但這部分後來沒有發表。

回到臺灣，在島內旅行過程中，原預定的阿里山因登山鐵路寸斷而無法成行，他遂到嘉義訪媽祖廟，寫成〈天上聖母〉。嘉義到二水的火車旅程中，邂逅一隻飛進車廂端坐的蝗蟲，他將之寫成著名的童話代表作〈蝗蟲的大旅行〉。二水到集集再到日月潭的行程以及所見所遇，則寫成了〈日月潭遊記〉與小說〈旅人〉，當中都述寫了水力發電工程著手動工未完成前日月潭的舊時景色，並帶批判性地細細描繪「水社化蕃」的以歌舞嚮客，以及流落日月潭涵碧樓的女侍柔弱孤愁的身影。《蝗蟲的大旅行》、《旅人》日後更成爲單行本作品集的書名。此外，亦有〈霧社〉、〈魔鳥〉、〈殖民地之旅〉等重要著作。

停留臺北期間，則有〈太陽旗之下〉，寫抵達臺北成爲M氏家中客人的「我」，因庭院的牽牛花，從「主人」（森丑之助）處聽到松原夫婦的故事，他們自日本據臺之初，一路從非洲經南洋跋涉，想要加入殖民地開墾的。松原夫婦在恆春半島被殺的事件，現場被僞裝成原住民所爲。森丑之助解說原住民獵人頭，只在於宗教上的理由，砍頭再丟棄、搶奪財物、姦犯婦人皆非原住民的習俗所有。最近發生的剝開孕婦肚子、剁下男根的事例，則是從別的種族學來。這與在〈霧社〉的最後一節所記載的森丑之助的回答，觀點完全相同。佐藤春夫對原住民的知識與認識，完全得自森丑之助，而且在旅途的訪問地，得到證明。

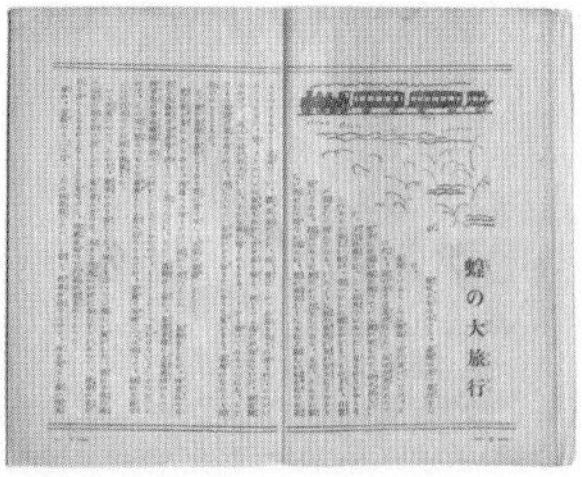

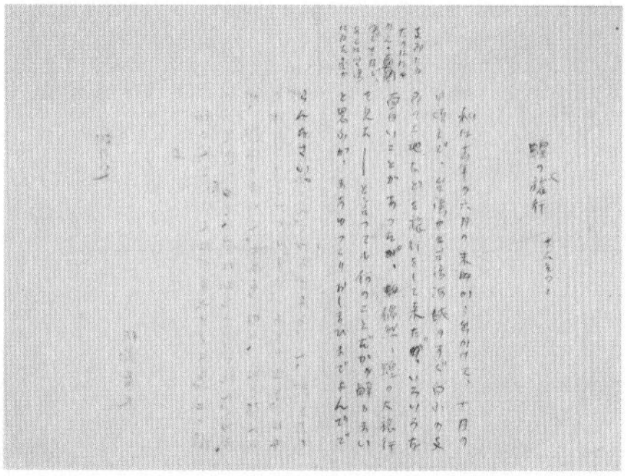

（圖說）〈蝗蟲的大旅行〉原稿與雜誌刊登版。內容描寫從嘉義往日月潭的途中，在火車上觀察蝗蟲的故事。原稿則是在一張標題為「我的父親」的廢紙背面所寫下。

結語

佐藤春夫一九二〇年的臺灣之旅，留下豐富的殖民地臺灣書寫作品，作品世界涵蓋了歷史故事與現實，屬於原住民的〈魔鳥〉、〈霧社〉，屬於漢民族的〈女誡扇綺譚〉、〈殖民地之旅〉，屬於日本人的〈太陽旗之下〉、〈旅人〉，以及無數的臺灣舞臺風景書寫，為佐藤文學再攀高峰，也為臺灣留下了無比珍貴的文學瑰寶。作品的時間縱深與空間廣度，對臺灣的貢獻，在近代日本作家中，可說無出其右。邀請佐藤春夫來臺旅行的東熙市，為佐藤春夫規劃行程跟講解臺灣山地知識的森丑之助，作為這趟行程背後最大保護者的下村宏，助成之功不可沒。佐藤春夫所見，作品所呈現的臺灣的現實，更是由日治時期五十年之間，最有能力、政績最佳、與臺灣人民、知識分子最貼近的自由主義者總務長官下村宏主政，為臺灣的基礎建設擘劃經營時期的統治現況之認知與表象。百年後的今日，追尋佐藤春夫旅行的足跡，重讀佐藤春夫臺灣書寫的佳構名篇，認識百年前一九二〇年代的臺灣歷史身影，確認臺灣文學的資產——佐藤春夫在臺灣文學的位置與意義不言而喻。

小專欄

殖民地之旅如何可能？

——臺灣近代交通網的建立

佐藤春夫來臺旅行，可說是把一九二〇年代當時所有能搭乘的交通工具，都坐了一遍。

日治時期，因爲長途交通旅行不易，船班與車班的資訊通常會公告於報紙上，無論是船的噸位、航班時間、地點、估計到達日期與實際到達日期，甚至是船上搭載了哪些著名人士，都會記錄地一清二楚，當時佐藤春夫就是搭乘著「備後丸」來到北臺灣的。

從佐藤春夫的〈旅人〉中對於旅程的描述，就可以知道日治時期臺灣島內的移動也不如今日方便，特別是前往山地：春夫在沒有名字的火車站下車，搭改裝臺車至集集街住宿一晚，隔日搭人夫所扛的椅轎上日月潭，住在日月潭的旅舍裡。兩天內就換了三種交通工具。

所謂的臺車，是指人力輕便鐵道，被用來運送貨物、資源，春夫搭乘的臺車則經過了改良，裝有座椅與遮棚。椅轎是一種以人力爲主的交通工具，前後兩位轎夫撐起一或兩根長木，乘客坐在其中的座椅上，多用在較陡峭崎嶇的山路，現代鐵軌尚未覆蓋的地域，仍用椅轎代步。

不過，除了山地以外，佐藤春夫能在臺北、臺中、臺南、高雄之間往返不輟，更顯示西部縱貫線鐵路開通後的便利景觀。臺灣銀行經濟研究室於一九五五年出版的《臺灣交通史》中，就曾這樣寫道：

> 自基隆迄高雄，在軍事、政治及經濟上，均極重要。
>
> 一八九九年五月開工，一九〇八年四月竣工。……縱貫線之開通，促成本島經濟之發展，尤其第一次世界大戰之影響，本島經濟，更空前繁榮……

除了鐵道系統的鋪設，還有引入公路、汽車等交通工具，交通的變革不但促進了經濟，也爲人們提供了旅遊活動的基礎。縱貫線的完成，不但擴大了旅行範圍，也開啟了島內的旅行風氣，從日本內地來的旅遊業者、生意人等，也在臺灣建造旅舍。不僅如此，交通暢達也讓旅行活動得以制度化，建立各式旅行機構、旅舍，以及發行旅遊手冊等。有了這些對旅行而言相對友善的改變，春夫才能順利地從北臺灣一路奔向南臺灣。

對於日本人而言，早期來到臺灣旅遊宛如進行探險。但隨著日本對臺灣的治理範圍擴大、治理手段增強，國土被一寸寸的開發，鐵路道路一段段的鋪設延伸，探險活動才逐漸轉爲安穩的旅行與觀光。臺灣對於日本人而言，因此兼具迷人卻也危險的魅力。例如在〈霧社〉中，尚未完全服膺日本殖民統治的原住民，對佐藤春夫而言就成爲恐怖的來源，旅行便有如從觀光性質回到了探險活動。

附錄：佐藤春夫臺灣旅行日程與路線

◎本表依河野龍也之考證作成

Ⅰ・從新宮到高雄

・六月下旬　自故鄉新宮出發。

・七月三日（六）　傍晚搭乘從門司發船的日本郵船備後丸。

・七月六日（二）　早晨抵達基隆。中午過後從基隆出發，抵達臺北。於總督府博物館與森丑之助會面。搭乘夜車南下。

・七月七日（三）　早晨抵達高雄。在高雄的日子，多與透過東熙市結識的左營地方名士陳聰楷，及廈門出身的診所助理鄭享綬一起飲酒作樂。

Ⅱ・前往中國（福建省）

・七月二十一日（三）　上午同鄭享綬搭乘蘇州丸，從高雄出發。

・七月二十二日（四）　早晨抵達廈門。住宿南華大旅社。

・七月二十四日（六）　在鄭享綬的友人周坤元好意安排下，住宿鼓浪嶼的養元小學校。

・七月二十六日（一）　於新高銀行廈門分店長林木土的宅邸共賞明月。

・七月二十九日（四）　拜訪旭瀛書院（臺灣籍民的公學校）的岡本要八郎院長，介紹教諭徐朝帆、余錦華擔任漳州行的口譯人員。

・七月三十日（五）　訪問集美學校。夜晚造訪林季商（即林祖密）宅邸。

・七月三十一日（六）　從周（養元小學校長）手中獲得寫給漳州的中學英語教師朱雨亭的介紹信。

・八月一日（日）　早晨搭乘舢舨赴廈門，之後同徐朝帆、余錦華及許連城（援閩粵軍一等軍醫）見面。上午搭乘小汽船，從廈門出發，傍晚抵達漳州。住宿中華旅社。

・八月二日（一）　訪問中學校。傍晚同朱雨亭等人參拜南院（即南山寺）。夜晚，從徐朝帆口中聽到陳三五娘的故事。住宿宏仁醫院。

・八月三日（二）　從漳州出發，返回廈門。

・八月四日（三）　搭乘天草丸，從廈門出發。

・八月五日（四）　抵達基隆，前往高雄。

林木土。臺灣板橋出身，1918 年赴廈門擔任新高銀行廈門分店長，在鼓浪嶼的宅邸熱情款待佐藤。

岡本要八郎。愛知縣出身的礦物學者，1899 年來臺，1905 年發現北投石。他曾與森丑之助一同負責籌劃總督府博物館，並於 1913 年擔任廈門旭瀛書院院長，森介紹佐藤前往拜訪。

攝於廈門白鹿洞。左起為徐朝帆、余錦華。兩人是旭瀛書院訓導，在岡本院長的介紹下，擔任佐藤赴漳州的口譯員。

Ⅲ・高雄的生活（遊覽臺南・鳳山）

・八月至九月　同陳聰楷訪問臺南、鳳山。

Ⅳ・嘉義・北港・集集・日月潭

・九月十六日（四）　早晨搭乘縱貫線，從高雄出發，上午抵達嘉義。住宿嘉義飯店。

・九月十七日（五）　早晨搭乘糖廠鐵道，從嘉義出發，下午抵達北港，參拜朝天宮。之後從北港出發，傍晚抵達嘉義。住宿嘉義飯店。

・九月十八日（六）　早晨搭乘縱貫線，從嘉義出發，抵達二水。因颱風導致軌道多處毀壞，以糖廠鐵道、臺車與徒步方式，抵達集集。在旅社驚聞「撒拉馬歐事件」的消息。

・九月十九日（日）　早晨乘坐椅轎出發，下午抵達日月潭水社。投宿涵碧樓。

Ⅴ・埔里・霧社・能高

・九月二十日（一）　早晨從水社出發，乘坐椅轎前往埔里。住宿日月館。

・九月二十一日（二）　從埔里搭乘臺車、徒步至霧社。住宿霧丘俱樂部（後來的櫻旅館）。

・九月二十二日（三）　早晨參觀「霧社蕃人公學校」，之後出發前往能高。傍晚抵達海拔二八六〇公尺的能高駐在所。

・九月二十三日（四）　早晨從能高駐在所出發，日落時抵達霧社。住宿霧丘俱樂部。

・九月二十五日（六）　早晨從霧社出發，夜晚抵達某個山中驛站。（可能於國姓庄的龜仔頭，即今福龜）

・九月二十六日（日）　早晨從某個山中驛站出發，以臺車、糖廠鐵道、徒步方式於傍晚抵達臺中。住宿春田館。

VI・臺中・鹿港・豐原・霧峰

・九月二十七日（一）　與臺中州派遣的口譯嚮導許媽葵搭車至州知事官邸，出席晚宴。深夜與臺中新聞社記者巡遊臺中公園與飲宴。

・九月二十八日（二）　早晨從臺中出發，抵達彰化，登八卦山。之後搭乘糖廠鐵道抵達鹿港。偶遇洪炎秋，詢問可否與洪棄生見面，未能如願。訪問書法家鄭貽林。

・九月二十九日（三）　上午閱讀洪棄生《寄鶴齋詩譽》。下午搭乘縱貫線，從臺中出發，抵達豐原。拜訪畫家呂汝濤。

・九月三十日（四）　上午搭乘從臺中發車的糖廠鐵道，抵達霧峰。遇見正騎著馬的林資彬。拜訪林獻堂。

・十月一日（五）　搭乘縱貫線，從臺中出發，傍晚抵達臺北。於森丑之助家中卸下行裝。

VII・停留臺北

・十月二日（六）　早晨訪問總務長官下村宏官邸。

・十月中　停留森丑之助家。

VIII・離開臺灣

・十月十五日（五）　傍晚搭乘備後丸，從基隆出發。

・十月十九日（二）　抵達神戶。

・十月二十一日（四）　抵達小田原。暫居谷崎潤一郎家。

第三章　旅行的情調

在旅行中，佐藤春夫見到「蕃社」，旅經廢港，接觸到傷心人。

〈日月潭遊記〉（一九二一）、〈旅人〉（一九二四）是佐藤春夫造訪臺灣名勝日月潭的旅行散文。描寫自己從二八水（今二水）進入水社，一路上宛如大官出巡陶醉不已。他以為可以親眼見識「生蕃」，卻發現原住民是為了觀光才表演歌舞，而其他日本人對原住民女性上下其手，他才領悟旅途中可以如此舒適自在，全因為「蕃社」已成「王土」。

〈霧社〉（一九二五）描寫佐藤春夫從埔里進入正處於撒拉馬歐事件騷動中的霧社，以及攀爬能高山的旅程。在這四、五天中，佐藤春夫分別與孩童、壯丁、少女、婦人等不同身分的原住民，近距離密切接觸。他目睹洗腦式的教育、搜刮欺騙的貿易、強迫性的勞役，以及內臺婚姻的殘酷。文章最後，佐藤春夫描寫自己以為陷入桃色陷阱，倉皇逃出原住民屋舍後，來到月色清亮的山坡喘氣，一回頭，發現謎樣的原住民少女不知何時已來到身後。少女的話語稚氣未脫，深邃晶亮的眼神與矛盾的行動，卻讓佐藤春夫被恐懼籠罩。這使用無法控制的「恐怖」描寫，來進行自我嘲諷與殖民批判的手法，貫穿佐藤春夫的臺灣作品，在日本「外地」文學中獨樹一幟。

「如果此地有所謂的文人墨客，我也想拜訪」——這是除了臺灣山地之外，佐藤春夫旅行的第二個目的。〈殖民地之旅〉（一九三二）這篇散文中，描述他受到書畫金石、竹林隱逸、冊頁裝裱等文人氣質的魅惑，在總督府安排的在地嚮導A君帶領下，造訪鹿港洪棄生等文人，最後來到阿罩霧（今霧峰），與「本島第一名門望族，如果臺灣能成立共和國，必然由其擔任大總統」的林獻堂對談。這是佐藤春夫旅行的另一面，得以體驗與山地、廈門截然不同的文化，卻也在遭到洪棄生拒絕會面，被林獻堂質問其對同化政策的看法中，正面見識殖民體制為臺灣所帶來的傷害。

小說〈女誡扇綺譚〉（一九二五）則是創作眾多的佐藤春夫本人最喜愛的作品之一。本篇反用了偵探小說的模式，描寫日人「我」與臺人「世外民」偶然闖進臺南的荒廢大宅，聽見「你怎麼不早點來？」的神祕聲響，進而破解眞相的過程。「世外民」相信這是豪門沈家鬼魂的聲音，「我」卻堅持這是等待情人的女性慾望之聲。然而，最後的結果卻大出「我」意料之外，不僅解謎任務失敗，更造成這段幽會戀情以悲劇收場，「我」因此而離開臺灣。

佐藤春夫在〈女誡扇綺譚〉中所描述的臺南，凋敝的豪宅門扉掩著無盡的疲憊與哀傷，曾經驚心動魄但已然淤積停滯的安平內海，行走其間追尋事件眞相與歷史眞意的邊緣人身影，成就耽美抒情與理性敘事交融的佳作。不只在當時成為臺灣敘事的典範，直至今日亦是研究臺灣文學的焦點。

小說中由墾殖發跡、後轉為海商貿易的沈家故事，等於臺灣移民史的縮影，參考了包括霧峰林家在內的臺灣名家歷史改編而成。凋敝的沈家大宅，則是綜合了霧峰宮保第、臺南「廠仔」（今民族路三段）、佛頭港（禿頭港）沈家（今海安路附近），再移形變位的空間。「我」與「世外民」探險結束後的飲宴之處「醉仙閣」（今宮後街），店主後代目前在別處經營同名的西式甜點店。

講解歷史時口沫橫飛的「世外民」，與〈殖民地之旅〉中的總督府雇員A君一樣，都扮演著帶領日本人主角「我」深入臺灣的翻譯者、引路人角色。A君眞有其人，是鹿港出身、臺中一中畢業的許媽葵，「世外民」則是綜合了許媽葵與舊城（今左營）名家公子陳聰楷二人特質而成的虛構角色。

佐藤春夫與臺灣原住民——森丑之助的地位

◎下村作次郎—著
鄒易儒—譯

前言

佐藤春夫是日本大正民主時期的近代文學作家。在日本文學史上，若關注臺灣或者中國，則佐藤春夫所創作的「臺灣作品」，以及在日本推廣魯迅文學的貢獻，皆使他與同時代的著名作家芥川龍之介或谷崎潤一郎相提並論時，占有特殊的地位。※

據辻本雄一（現任和歌山縣新宮市佐藤春夫紀念館館長）所述，〈李太白〉是佐藤春夫登上中央文壇的代表作，該作經由谷崎潤一郎的推薦，於一九一八年七月發表在《中央公論》（《佐藤春夫讀本》，勉誠出版，二〇一五年）。此後，佐藤春夫陸續發表作品，並在隔年六月由新潮社出版長篇小說《田園的憂鬱》，一躍成爲當時的人氣作家。但與妻子感情不睦等「抑鬱不堪之事」（〈彼夏之記〉，一九三六年七月）接連發生，使他因「極度的神經衰弱」而返回故鄉療養。返鄉後，佐藤春夫在街上巧遇新宮中學的同窗東熙市，他在臺灣的打

※ 原註：關於佐藤春夫對魯迅文學在日本普及的貢獻，請參照拙作〈戰前日本的魯迅翻譯與戰後初期臺灣〉（「戦前日本における魯迅の翻訳と戦後初期臺湾」），收錄於《臺灣文學的發掘與探究》（『臺湾文学の発掘と探究』，日本：東方書店，2019 年）。

狗（今高雄）開設牙科診所，並邀約佐藤春夫前往臺灣旅行。這趟旅程長達三個多月，佐藤春夫在臺灣停留並遊覽各地將近一百天，因爲時任臺灣總督府博物館（今國立臺灣博物館）代理館長的森丑之助給予他許多建言，他也在這趟旅行結束後發表多篇著名的「臺灣作品」。就這一點來說，當時介紹佐藤春夫與森丑之助結識的東熙市，在這趟臺灣之旅中可謂功不可沒。

森丑之助所推薦的阿里山（達邦社）、日月潭、霧社、能高山

在佐藤春夫將近二十篇的「臺灣作品」中，描寫原住民的作品就占了四篇，這些作品的誕生皆是緣於他結識森丑之助。

森丑之助再三建議佐藤春夫前往臺灣的「蕃地」（此爲當時對原住民居住地的稱呼。當時必須辦理「入蕃」手續才能進入「蕃地」）觀光，並爲其解說。此事可透過佐藤春夫紀念館收藏的《森丑之助致佐藤春夫書信》（復刻，牛山百合子，二〇〇三年）得知詳細情形。

該書收錄的第一封信件日期爲「大正九年（按：即一九二〇年）七月十七

森丑之助（1877-1926）。可能攝於臺北江山樓。森丑之助（右 2，坐姿者）是京都市出身，1895 年以陸軍口譯員的身分來臺，徒步環島調查原住民部落，深獲當地信賴。他在佐藤來訪時為總督府博物館（今國立臺灣博物館）的囑託（即約聘人員），1926 年從笠戶丸上投海自殺。

日」，是兩人自七月六日相識以來的第十二天，佐藤春夫則是兩週之後在高雄收到這封信件。從第一封信開始，森丑之助便建議他造訪阿里山、日月潭與霧社，還強調霧社「是在中央山脈附近可以了解生蕃人狀況的絕佳地點」。事實上，在這封信之前，另有一封寄給東熙市且日期為「七月十五日」的信件，當中述及「佐藤老師的行程安排延誤甚久，殊為抱歉」，由此可知森丑之助第一次在博物館見到佐藤春夫時，便已受託為他規劃臺灣之旅。而從這封信件也能了解到，森丑之助最初即力薦佐藤春夫赴阿里山、日月潭及霧社旅行。

森丑之助考量到佐藤春夫身為日本的新銳作家，表示前往阿里山、霧社與能高山的旅行「雖然有些不方便，但從文人行旅的面向來看，原始而脫離現代的旅行或許反而有更深層的意趣」。他如此執著地建議佐藤春夫到山地見識，或許是企圖透過人氣作家之筆，將臺灣原住民的存在——最真實的姿態——傳達給日本「內地」的人們。另一方面，當時總督府的總務長官下村宏與佐藤春夫為和歌山同鄉，因此森丑之助也藉由這層關係，讓佐藤春夫在此行中擁有各項禮遇。

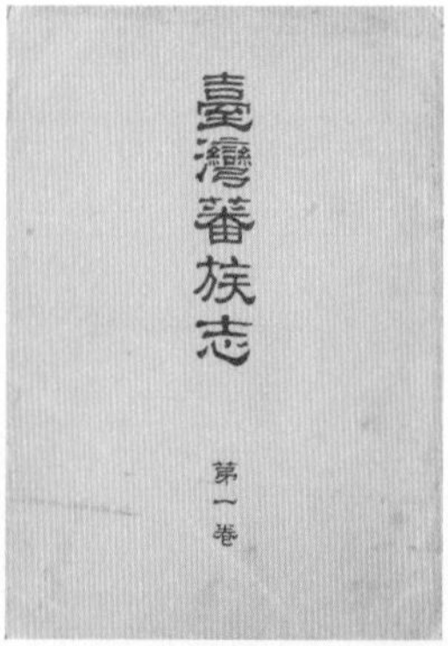

《臺灣蕃族志》。森的臺灣原住民研究成果。佐藤於旅行時攜帶這本贈書，並運用於〈霧社〉、〈魔鳥〉等作品。

《臺灣名勝舊蹟誌》。森贈與佐藤的參考書，當中包含漢民族的臺灣開發史。這本書也曾被寫入〈日月潭遊記〉。

佐藤春夫於颱風期間造訪的山地

九月三日，暴風雨肆虐臺灣，強度足以摧毀臺北橋，造成各地災情慘重。佐藤春夫因此不得不放棄原訂的阿里山行程，轉而前往日月潭、霧社以及能高山。

佐藤春夫一邊旅行，一邊在落腳處閱讀森丑之助寄來的《臺灣蕃族志》第一卷（一九一七年）、《臺灣名勝舊蹟誌》（杉山靖憲著，臺灣總督府，一九一六年）與《大日本地名辭書續編》（其中「第三臺灣」爲伊能嘉矩所編，富山房，一九〇九年）等。《臺灣蕃族志》原本預定出版十卷，但所蒐集的資料在一九二三年的關東大震災中盡數燒毀，遂無法如願，據說這也是之後森丑之助自殺的主要原因之一。所幸第一卷中已涵蓋霧社的泰雅族，佐藤春夫即是在霧社的旅館展讀此書。而《臺灣名勝舊蹟誌》中的說明也被直接引用於〈日月潭遊記〉一文，《大日本地名辭書續編》對於葫蘆墩等地的描寫與介紹則被用在〈殖民地之旅〉中。

佐藤春夫就這樣透過森丑之助所提供的書籍，在旅程中同步了解臺灣。如前所述，森丑之助極力鼓吹佐藤春夫前往「蕃地」。要進入原住民所居住的「蕃

能高山景。下村作次郎提供。

地」，在當時大多仍必須向公所申請「入蕃」。日月潭雖爲邵族的居住地，然邵族早已被稱爲「化蕃」，甚至被歸爲要繳納稅金的開化族群，因此不需要「入蕃」手續，但是進入鄒族達邦社所在的阿里山與泰雅族所在的霧社，則必須辦理「入蕃」手續。不過對森丑之助來說，達邦社和霧社在當時都不屬於危險的「蕃地」。他在八月十二日的信件中提到，「若要視察阿里山的蕃社，搭乘森林鐵路於山嶺上的十字路下車後，沿著山路向下走，即可抵達達邦社（此蕃社毫無危險）」。正如森丑之助所言，一九一〇年阿里山鐵路完工後，周邊急速開闢道路，達邦社早已設有蕃童教育所。後來鄰近的部落特富野社還曾經培育出一位達邦蕃童教育所、臺南師範學校（一九二四年四月入學）畢業的原住民菁英——戰後改名爲高一生的矢多一生（原住民名爲吾雍・雅達烏猶卡那），他曾在一九二九年協助俄國語言學者聶甫斯基調查鄒族語的語彙與傳說。達邦社便是這樣一處由森丑之助認定爲「毫無危險」的「蕃社」。至於霧社則是當時還稱爲「泰雅族」的「賽德克族」居住的地方，其時有「蕃界的第一大都會」※之稱。簡言之，森丑之助挑選、介紹的「蕃地」，是一般旅行者只要稍微留意並做好心理準備就能前往的地點。鄒族、邵族與泰雅族，可說是森丑之助在深思熟慮後才介紹給佐藤春夫的原住民族群。臺灣的中央山脈是由兩千公尺與三千公尺等級的山峰相連而成，在森丑之助那個年代，居住於中央山脈的原住

※ 譯註：以下佐藤春夫〈霧社〉、〈旅人〉、〈日月潭遊記〉等內容皆引自邱若山譯，《殖民地之旅》（臺北：前衛出版社，2016 年）。

民被劃分爲六族，後來再分爲九族，現在則區分爲十六族。森丑之助曾經未帶任何武器，僅攜帶調查所需的相機與文具，便步入這樣的山林間，佐藤春夫因此在〈霧社〉中寫道：「他在踏查時，始終身不帶寸鐵。」

根據邱若山製作的〈佐藤春夫臺灣島內旅行日程推定表〉（《殖民地之旅》，前衛出版社，二〇一六年），佐藤春夫在九月十六日離開打狗後，於嘉義停留一晚，之後並未前往遭颱風侵襲的阿里山，而是到了集集街。其間的交通方式分別是透過臺灣縱貫鐵路從嘉義到民雄、從民雄到二八水，再轉搭製糖會社的私營鐵路，之後又因爲暴風雨導致私營鐵路中斷，而於中途步行移動，後續則搭乘臺灣電力會社——這是爲了開發日月潭所成立的株式會社——的臺車到集集街。九月十九日，佐藤春夫從集集街出發前往日月潭，投宿在森丑之助推薦的涵碧樓。然而，前一晚他於集集街住宿時，已聽聞「生蕃蜂起，霧社的日本人全滅的消息」（詳見後述〈日月潭遊記〉），因此是在「生蕃」暴動、心生恐懼的情形下，繼續前往霧社旅行。

〈日月潭遊記〉是佐藤春夫首次以臺灣原住民爲題材的作品，描寫日月潭水社的邵族，刊載於一九二一年七月發行的《改造》「夏季臨時號」，是當期「新避暑地」特輯的十八篇隨筆之一。而佐藤春夫當時所造訪的日月潭，又是什麼樣的情景呢？日月潭位於海拔約七百六十公尺處，現今仍是風光明媚的知名觀光景點，但佐藤春夫前往之際，正值臺灣電力會社著手準備日月潭水力發電工程的時期。然而，從隔年起，日月潭的水壩工程進展不順，加上關東大震災造成資金籌措困難，工程進度受挫，最後完工時已是十五年後的一九三四年。在此暫不論工程的後續發展，佐藤春夫前往觀光時，正是工程剛開始且日月潭甫受矚目之際。佐藤春夫到達湖畔旅館涵碧樓後，電力會社的技師前來拜訪，邀請他參觀邵族的「蕃地」。旅館的女侍於是備妥啤酒與下酒菜，一行人搭船繞過邵族的聖地珠仔山（拉魯島）後，便抵達水社。時值中秋節期間，亦是邵族傳統的正月，在水社迎接他們的是穿著「西洋式襯衫」的老區長，以及穿著「蕃衣」的女人們。作品中接著描寫一行人欣賞女人們「手拿著杵往石頭面搗」並高歌的搗杵歌表演，他觀看「蕃人」們「身著紅色的盛裝」且拉手圍成一圈所跳的舞蹈，以及在夕陽餘暉中乘船踏上歸途。

佐藤春夫以日月潭為舞臺，創作了〈日月潭遊記〉與〈旅人〉（《新潮》，一九二四年六月）兩篇作品。蜂矢宣朗曾於〈《旅人》備忘錄——佐藤春夫與臺灣・續篇〉（《香椎潟》第二十七號，一九八二年三月）述及這兩篇作品，評論〈旅人〉為〈日月潭遊記〉的小說版，並且指出就〈旅人〉而言，佐藤春

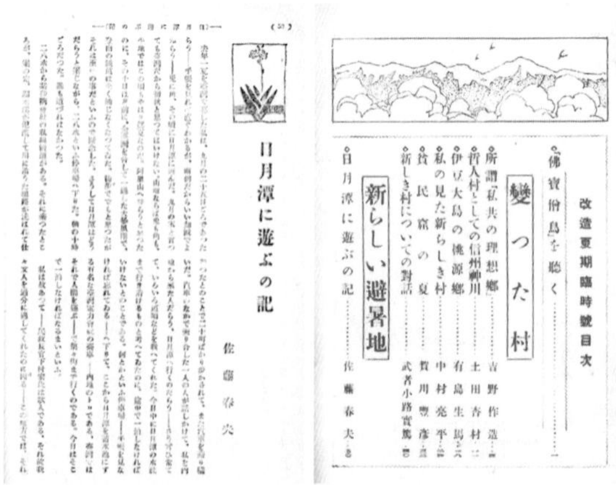
日月潭に遊ぶの記　佐藤春夫

改造夏期臨時號目次
○『佛寶僧島』を聽く
變つた村
○所謂『私共の理想鄉』……吉野作造
○哲人村としての信州神川……土田杏村
○伊豆大島の桃源鄉……有島生馬
○私の見た新らしき村……中村亮平
○貧民窟の夏……賀川豐彥
○新しき村についての對話……武者小路實篤
新らしい避暑地
○日月潭に遊ぶの記……佐藤春夫

〈日月潭遊記〉與該期《新潮》目次。下村作次郎提供。

夫是旅人，文中出身江州長濱（滋賀縣）的女性也是旅人，當中所描述與日月潭相關的眾人，對殖民地來說亦是旅人。蜂矢宣朗認為，在佐藤春夫的臺灣相關作品中，有許多人將〈女誡扇綺譚〉視為秀逸之作，但是若將焦點置於貫徹抒情敘事時，在他緣於臺灣之旅而創作的作品中，〈旅人〉才是最上乘之作。

然而，就佐藤春夫看待邵族的觀點而論，他的見解則略為嚴苛。相傳邵族是從日月潭深山處的阿里山追逐白鹿而來到這裡，但安住於甚少受到敵人侵擾的此地，邵族「在不知不覺間已成了王土之民了」，佐藤春夫揶揄地寫道：「沉醉在別人施捨的美酒中，用祖先傳來的神聖的歌與舞蹈，獻媚於好奇的旅客」，並接續描述如下：

——喂！你們可知道在霧社的深山處，你們的同伴現在正對我們的同伴進行可怕的攻殺嗎？

在集集街聽到的消息與在日月潭初見「不恐怖的蕃人」，二者之間的差距令佐藤春夫難以理解而心生煩躁。

日月潭 水社杵歌。下村作次郎提供。

〈霧社〉中描寫的「那個女人」

接下來要討論的作品，是發表於《改造》（一九二五年三月）的〈霧社〉，文中描述的地點是有「蕃界的第一大都會」之稱的霧社，時代背景爲一九二〇年九月十八日發生的「撒拉馬歐事件」。佐藤春夫於事發三天後的九月二十一日抵達霧社，隔天往能高山前進，並在二十三日傍晚返回霧社。此一行程正逢事件發生後的一週內，霧社因軍隊、警官，以及成群的「蕃丁」「意想不到的大群集」而沸沸揚揚。

此外，〈霧社〉中還描寫到「一個奇異的人物」，這名女性「臉上有刺青」，且「擁有比男人還要高的身材」，可以看到她在大街上對著一大群男人說話，像是在「發號施令」。「我」回到住宿的俱樂部，詢問俱樂部主人後，得到「是那個女人吧」的回答，並得知「那個女人」的故事，後來登場的兩名少女似乎就是「那個女人的女兒」。一般認爲佐藤春夫描寫的人物必定有其原型，那麼「那個女人」究竟是誰呢？

在以往的研究中，有許多研究者將「那個女人」視爲狄娃絲・魯道，也就是莫那・魯道的妹妹，她曾嫁給警察官近藤儀三郎。近藤儀三郎後來調職到花

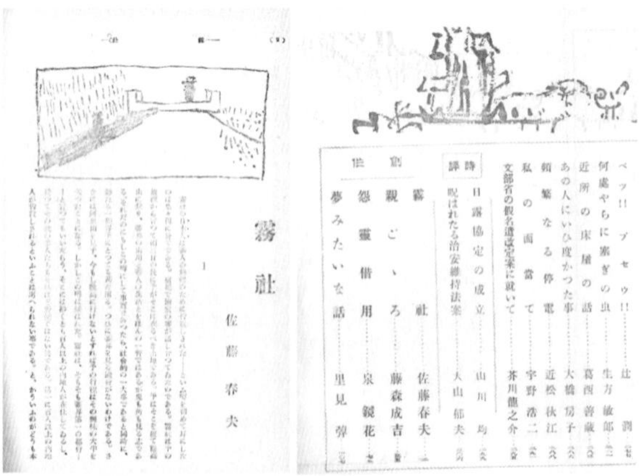
霧社　佐藤春夫

ベッ!! プセゥ!!……辻潤
何處やらに寨ぎの虫……生方敏郎
近所の床屋の話……葛西善藏
あの人にいひ度かつた事……大橋房子
頻繁なる停電……近松秋江
私の面當て……宇野浩二
文部省の假名遣改定案に就いて……芥川龍之介

詩譯
日露協定の成立……山川均
呪はれたる治安維持法案……大山郁夫

創作
霧社……佐藤春夫
親ごゝろ……藤森成吉
怨靈借用……泉鏡花
夢みたいな話……里見弴

〈霧社〉與該期《改造》目次。下村作次郎提供。

蓮，據說在花蓮墜崖身故，但亦有一說是逃走，狄娃絲・魯道之後便返回了「蕃地」。一般會將狄娃絲・魯道視爲〈霧社〉中「那個女人」的原型，或許正是因爲俱樂部主人意有所指地吐出「那個女人」一詞，讓人下意識地認定是狄娃絲・魯道。

然而，據當時文獻（臺灣總督府警務局著述出版的《霧社事件誌》，收錄於《臺灣霧社蜂起事件研究與資料》，社會思想社，一九八一年）所記載，一九〇九年「官方以此作爲操縱彼等一族的手段，應允當時任職馬赫坡駐在所的巡查班長近藤儀三郎之請求，使其迎娶當時年僅十六歲、美貌過人的彼之妹狄娃絲・魯道爲妻」，但是近藤之後調職前往花蓮，「在值勤時行蹤不明，狄娃絲於是哭著返回馬赫坡」。由此可知，狄娃絲・魯道回到了馬赫坡，但在事件當時只有二十七歲左右，並無年紀稍長的女兒（在作品中爲「十五、六歲」與「十三、四歲」），且之後「單身數年」才「嫁給馬赫坡的蕃丁巴萬・利烏，生下兩女」。近年的口述歷史書《清流部落生命史》（永望文化，二〇〇二年），則提到狄娃絲・魯道與巴萬・利烏共育有一男三女。而且狄娃絲的四名子女在十年後發生的霧社事件中皆自殺身亡。如此一來，以狄娃絲・魯道爲原型的說法並非完全可信。

霧社。下村作次郎提供。

當時將近藤儀三郎與狄娃絲．魯道這類婚姻稱爲「和蕃結婚」，但是如前述《霧社事件誌》所記載的，「官方以此作爲操縱彼等一族的手段」，因此實質上是「政策聯姻」。同時期在霧社一帶已知的「和蕃結婚」之例，如下所示：

近藤勝三郎與巴蘭社的伊婉．羅勃／近藤勝三郎與荷歌社的奧賓．諾康／近藤儀三郎與馬赫坡社的狄娃絲．魯道／佐塚愛祐與馬西多巴翁社的亞娃伊．泰目／下山治平與馬力巴社的貝克．道雷

蜂矢宣朗在〈《霧社》備忘錄——佐藤春夫與臺灣〉（《天理大學學報》，一九七三年三月）中，曾探討前述之例並闡述如下：

佐藤春夫所看到的蕃婦應該是巴蘭社的伊婉．羅勃，加上一些修飾讓人聯想到狄娃絲的事件，或者也參考了一些貝克．道雷的經歷，才形塑出蕃婦這個角色。當然，如果我們把這個人物看成完全是佐藤春夫憑空想像出來的，這樣的探討也就失去意義了。

伊婉．羅勃的結婚對象爲近藤勝三郎，他是近藤儀三郎之兄，亦以「蕃通」※身分爲人所知，但是近藤勝三郎後來又再入贅，成爲荷歌社奧賓．諾康的夫婿，並於一九一八年拋下兩人，前往花蓮。此外，在「霧社蕃」之中，便屬巴蘭社

※ 譯註：通曉原住民語與日語而擔任口譯者。

的人口最多，距離也近。在撒拉馬歐事件中，佐塚愛祐率領的「白狗蕃」、下山治平率領的「馬力巴蕃」與「霧社蕃」中的巴蘭社，皆是以「味方蕃」的身分被動員。小說〈霧社〉中描述了大批軍警與「蕃丁」聚集的情形，若要說在此集結的「蕃丁」是聽從巴蘭社的伊婉・羅勃指示，應該也不足爲奇。此際，同爲「霧社蕃」的馬赫坡社與荷歌社則尚未被動員成爲戰鬥要員。

另一名女性貝克・道雷，她的丈夫下山治平在結束工作返回日本時，僅帶著日本人妻子回去，雖然她被拋下之後獲得了於駐在所或公醫診療所擔任囑託㊀的工作機會，不過下山是在一九二三年以後返回日本「內地」，佐藤春夫創作〈霧社〉時極可能對此事一無所知。

綜上所述，「那個女人」的原型似乎就是伊婉・羅勃，雖然此說法仍不脫推測的範疇，但對於以狄娃絲・魯道爲原型的說法應有再探討的空間。

與森丑之助談及撒拉馬歐事件

對森丑之助而言，撒拉馬歐事件堪稱一大打擊。一九一九年，撒拉馬歐周邊疫病盛行，據說當時地球十八億人口之中已有三分之一，亦即六億人口感染

㊀譯註：約聘人員。

西班牙流行性感冒，有一說為西班牙流感亦流傳至臺灣，在泰雅族的部落中造成多人染病身亡。而且，有傳聞說此病是由侵略者所帶來的，於是頻頻發生出草（獵首）事件以求消災解厄。撒拉馬歐事件就是在這樣的背景下發生。九月十八日，「撒拉馬歐蕃」襲擊臺中州能高郡管轄的合流分遣所與椚岡駐在所，殺害「內地人」巡查及其家屬。在〈霧社〉開頭，即描述「霧社的日本人因蕃人的暴動而全部被殺了」。

佐藤春夫最初是在集集街上聽聞該事件的消息，到達霧社山麓的茶店時，更聽說「總共七人。是警察以及其家族，悉數被砍頭」，甚至從孕婦的腹中取出胎兒、砍下胎兒的頭顱，而下山回程途中，則在霧社看見出發前的軍警與「蕃丁」群集騷動的情景。之後，在返回臺北而中途停留臺中時，兩名少女及使用飛機轟炸「蕃地」的計畫等成了談論的話題。為期將近三個月的旅行終於畫下句點，佐藤春夫在十月一日返抵臺北，並借住於森丑之助家中。在森丑之助家中作客的兩週內，兩人想必秉燭暢談，但在〈霧社〉的最後一節卻述及「對撒拉馬歐事件，他不多說」，原因在於當時臺灣總督佐久間左馬太的政策——包括自一九〇九年起實施的「五年計畫理蕃事業」，甚至是在一九一四年五月至八月展開的大規模討伐行動——已備受質疑與批評。於是〈霧社〉便在如下的敘述中完結：

……至於說剖開妊婦的肚子，切斷死人的男根等，在他們宗教上是毫無意義的慘虐行爲。以此爲樂的風俗，在他們古來的習慣上是一點也沒有發現過的。恐怕這種惡行，並非來自他們祖先的習俗，而是從外來的某個種族處學來的新蠻風吧！噫！事情竟然到了這種地步啊！他長歎良久而閉口不言了。

撒拉馬歐事件爆發後，戰事持續了兩個月之久，總督府出動近千名的「味方蕃」來討伐「撒拉馬歐蕃」，並在鎮壓後持二十五顆人頭返回霧社，將人頭並排於霧社支廳前合影留念。而無庸置疑地，上述「外來的某個種族」所指即爲日本人。

森丑之助便是像這樣先邀請佐藤春夫展開一趟了解原住民的旅程，並在臺北家中批判臺灣總督府的理蕃政策。一九二六年七月三日，也就是在與佐藤春夫相識的六年之後，森丑之助於往返基隆、內地航線的定期船班笠戶丸上失蹤，而約莫一個月之前，他還曾「在春夫家中借住二十多天」※。森丑之助在佐藤春夫家中長期留宿，最後應該曾對佐藤春夫說了些什麼才離開人世吧。儘管兩人的對話並未留下任何紀錄，仍可了解到森丑之助對於〈霧社〉作者佐藤春夫的

※原註：相關情形請參照〈佐藤春夫筆下的森丑之助〉與〈佐藤春夫‧森丑之助年譜〉，收錄於《森丑之助致佐藤春夫春信》（見本文前述）。

由衷信賴、對於總督府實施武力鎮壓的批判，以及他對於所有資料在一九二三年關東大震災中燒毀的深切悲痛。

無論是在探究撒拉馬歐事件爆發十年後所發生的霧社事件，甚而是思考今日的原住民社會等方面，小說〈霧社〉都留下了許多值得關注的議題。威嚇性的理蕃政策或美其名爲和蕃結婚的政策聯姻、武力討伐或「以夷制夷」的實際情形，以及山地在接觸文明的過程中潛藏的賣春可能性等等，小說〈霧社〉在在提醒著我們，留心傾聽森丑之助的言說是何其重要。

二〇一九年十二月十四日　記

森丑之助攝影。臺灣旅行中的佐藤春夫。拍攝地點不明。前排右 2 為佐藤春夫。這是佐藤春夫在臺期間唯一的照片。

憂鬱的田園外，悠然見山

日本作家內心的中華文人靈魂

◎張文薰

佐藤春夫紀念館位在熊野速玉神社境內，土地是公家的，建築物是春夫自一九二七年起常年居住的自宅。紀念館創立之際，由東京一石一瓦拆解後運回新宮再組建而成。這棟二層樓高的房子乍看如童話屋，是佐藤春夫特別延請同鄉出身的建築師所設計，外觀呈現出高級洋房特有的穩重寧靜氣息。

一進屋內，鄰接玄關的客廳牆上，卻高掛著取自陶淵明詩的橫幅「悠然見山」，以及「簾外有天來雨露．堦前餘地種芝蘭」的對聯，與這八角塔樓、厚實桌椅、夾鼻眼鏡、煙斗鋼筆的西洋風格呈現強烈的對比。這位以現代口語詩歌、耽美浪漫小說等西洋文學手法著稱的作家，內心裡似乎住著一尊中國文人的老靈魂。

不只傳統書畫詩酒，佐藤春夫與現代作家魯迅、田漢、郁達夫都有交往。一九二七年，他接獲好友芥川龍之介自殺死訊，就是在與郁達夫同遊的西湖之

佐藤春夫紀念館（原佐藤春夫宅）。原本位於東京小石川， 1927 年 3 月落成入住。附有八角塔，引人注目。之後遷建至新宮，1989 年 11 月開放成為佐藤春夫紀念館。

中村不折題字，出自陶淵明的〈歸去來辭〉。曾懸掛於客廳。

畔。魯迅〈故鄉〉的第一個日文譯本即是一九三二年出於春夫之手，只不過因爲他後來在中日戰爭期間發表〈亞細亞之子〉，惹怒郁達夫終至絕交。

對傳統中華文化憧憬、對現實中國情勢懵懂，這種姿態是大正時代特有的社會現象。本來漢學就是日本典章學問的支柱，直到江戶時代發展日本國學、明治維新後急速追逐西學，日本知識份子仍普遍具有一定的漢學素養，不僅閱讀背誦典籍，甚至能寫出水準不遜於中國本家的漢詩文。佐藤春夫父祖代代爲漢醫，家中收藏許多明清器物與漢籍，雖然到他的時代，西學浸染已深，無法隨心制句誦詩，但反而因爲這層隔閡，使他可以脫離漢學立身言志的學問脈絡，而在意象與情調中盡情馳騁想像力，從餐飲、佈置等生活細節擁抱中國。這就是大正時代特有的「支那趣味」。

想像的「支那」，現實的臺灣

在〈殖民地之旅〉（一九三二）中，抱著「此地若有所謂的文人墨客，一定要見一面」願望的佐藤春夫，來到「比現代的支那本土，更有濃密支那氣氛」、「詩趣豐富的市街」鹿港，並讚歎這是一個籠罩著「我所愛好的支那情調，那種雜瑣而繽紛、不斷頹敗中的感傷」的地方。雜瑣與頹敗——佐藤春夫所發現

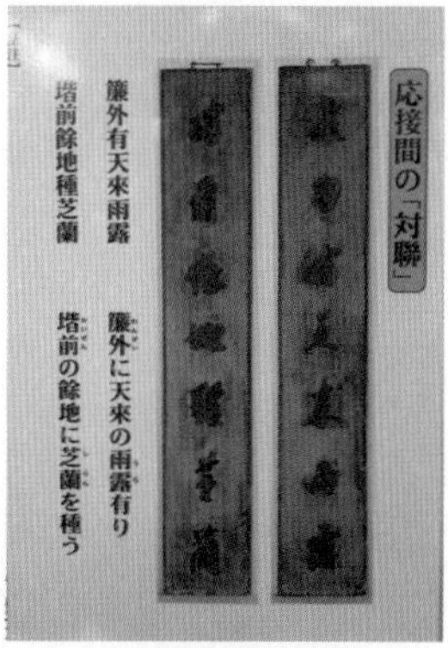

小石川自宅客廳的對聯。佐藤樂於提攜後輩，門下聚集了許多文藝青年，後來甚至號稱「弟子三千人」。

的臺灣之美，與本地人的自我理解顯然有差距，卻與西歐帝國主義的印度、非洲印象有著相似的色調，只是更加複雜多端。春夫求見鹿港「卓然成家」的詩人洪棄生被拒不覺氣憤，反而陶醉在其裝幀素樸、詰屈聱牙的詩集《寄鶴齋詩譽》中，認爲這根本是「用漢字寫成的波特萊爾」，寥寥數行便顯露出其「世外高人的朗闊氣魄」，不時摩挲卷頁帶回日本珍藏。

對於「文人墨客」世界的景仰，足以讓佐藤春夫把在田埂間迷路的窘迫經驗，想像成一則書生竹林尋幽卻被狐仙所惑的聊齋式插曲。即使後來發現尋訪的畫家有欠風雅，但這事實並不妨礙他馳騁想像力——臺灣是「比支那更有支那氣氛」的地方，臺灣之旅，也就是一趟中華文化之旅。

然而，佐藤春夫高明之處，就在於〈殖民地之旅〉最後，他親手戳穿自己的中華大夢、承認那些洋溢的詩情不過是自我陶醉。他來到霧峰的名士門第，逐漸發現無論是攬山借景的庭園，或高懸「斗酒縱覽廿一史．爐香靜對十三經」對聯的主人，都不是原先期待的遁世文人風貌。眼前這位「如果臺灣能成立共和國，必然由其擔任大總統」的人物，正是林獻堂。他們的對話從一開始就有警察在旁監看，林獻堂先是自謙「缺乏悠然見山的胸襟」因此空對滿庭風月，進而質問佐藤春夫對殖民統治的想法，慷慨陳述臺灣人深受差別待遇之苦痛，並尖銳地指出佐藤春夫對於現實的輕忽。逼得佐藤春夫發現自己提出的解決之道「友愛」是如此可笑，才醒覺自己被點破後的姿態「就像死去大蛇的屍體，橫陳委地」。

李白、孔子與日本近代小說

有人將「支那趣味」這個日文詞彙譯爲「中國情趣」，但直到昭和初期爲止，「支那」都是有別於政治實體「中國」的文化概念，而「趣味」則是不具生產價值的嗜好。「支那趣味」，才能眞正說明消費行爲興盛、文化商品流通的大正時代，在西洋教養下建立創作理念的作家與漢學、中國之間的纏繞關聯。「支那趣味」的代表性作家包括永井荷風、芥川龍之介、谷崎潤一郎與佐藤春夫。谷崎潤一郎修改過的〈李太白 A fairy tale〉（一九一八），成了佐藤春夫的文壇登場之作，顧名思義是以唐朝詩人李白爲題材，從李白原本爲唐玄宗所重、後被逐沉潭而死的部分大致依循史書所記，後半卻是李白變成魚與仙人共同翺翔天地間的幻想。文中充滿罕見的花草、丹藥、美酒名稱，與《寄鶴齋詩轡》一樣從艱澀漢字中漫溢出奇特的風情。改編中國古典題材的現代小說所在多有，「支那趣味」的作品卻只限於特定的型態。我們不妨從同樣改編自《論語》與

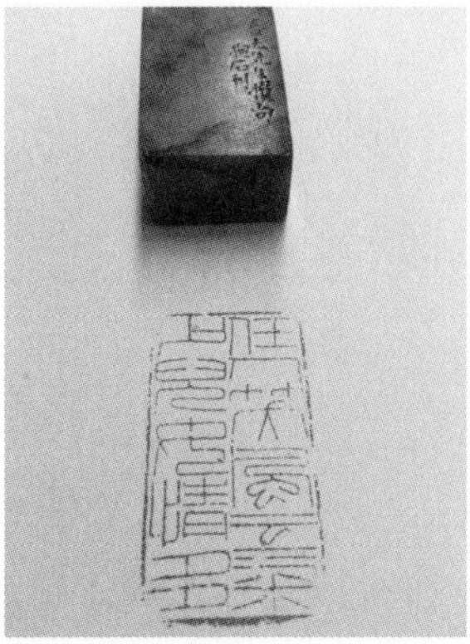

石印「任人笑風雲氣少兒女情多」，印上的邊款是「春夫先生撰句／抱石刻」，印文出自鍾嶸《詩品》。是出版《一吟双涙抄》（1935.6，野田書房）時委託製作。

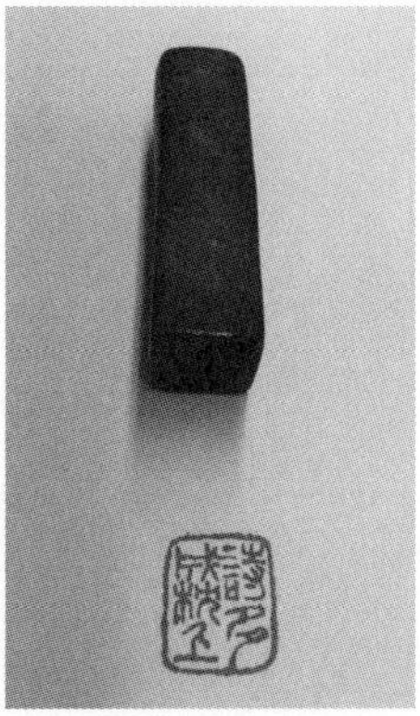

木印「詩多成枕上」。佐藤喜歡在狹窄的空間執筆，大多俯臥在棉被上創作。

孔門軼事的三篇作品，來觀察「支那趣味」作家谷崎潤一郎、佐藤春夫，與非「支那趣味」的昭和作家中島敦之間化用題材、描寫技法的差異。

谷崎潤一郎〈麒麟〉（一九一〇）以《論語》「微子」篇之引用開始：「鳳兮鳳兮。何德之衰。往者不可諫。來者猶可追。已而。已而。今之從政者殆而」。描寫「精神抖擻、身著紫貂裘的子路」與曾參、顏淵、樊遲跟隨「頭戴緇布之冠、身著狐裘」的孔子，行經魯國來到衛國。衛靈公重用「其誕生之際，麒麟現於魯國，和樂之音飄揚，神女自天而降。其唇如牛、掌如虎、背如龜，身長九尺六寸、貌如文王」的孔子，最後仍因夫人南子作梗，使孔子留下「吾未見好德如好色者也」名言而去的經過。

本篇中最主要的典故，在於孔子見南子這件懸案。然而谷崎潤一郎的重點，並非在探討孔子見以淫亂著稱的南子之心理動機，也不是要解釋子路不悅，孔子對之以「予所否者，天厭之。天厭之。」是否有合於「禮」的可能。〈麒麟〉的重點都在塑造南子的魅力，以及描寫南子召見孔子的期待。

當衛靈公勤於政事之際，飄來一陣混合著「口中的雞舌香、衣袖上的西域香料、薔薇水」的氣息。南子來抱怨「那個孔丘，竟從妾手中奪走了您的心。

妾本來就一直都沒愛上您，但是，您是不可能不愛妾的」。南子的話語動搖了衛靈公勤政愛民的決心。「您絕沒有忤逆妾的意思的本事，您沒有這麼堅強。您實在太可悲了。世間最可悲的，就是沒有本身的力量的人。妾馬上就可以從孔子手中把你搶回來。」或出於嫉妒、更多的是對於自己魅力與情感收放的自信，〈麒麟〉沒有提到衛靈公的反應，但卻讓我們看到南子強大的意念。

在宦官雍渠傳來南子的旨意後，孔子與弟子一行人至南子宮殿「北面稽首」。「從朝南的錦繡帷帳深處，夫人的繡花鞋若隱若顯。當夫人低頭答禮之際，傳來頭上的步搖、手腕的瓔珞寶珠互相碰撞的聲響」。南子要孔子一行人近身至其膝前，只見「頭戴鳳冠、插著金釵、玳瑁笄、身著鱗衣霓裳的南子，笑容如艷陽般燦爛」。之後南子更以白檀、鬱金、龍延、沈香等「讓人心飛往遙遠甜蜜夢想之地」的香氣，呈在「碧瑤杯、自暖杯、鰕魚頭杯」中的玉液美酒，「玄豹之胎、丹穴之雛、昆山龍脯、封獸之足番」等佳餚，男女罪人赤身裸體之扭曲姿態，訴諸眼、耳、鼻、口等官能刺激來誘惑孔子。在這一次又一次的試煉過程中，孔子的反應都是《論語》中的簡要教誨，南子的容顏卻是「如詩人般端麗，如哲人般嚴肅」，恍惚而動人。最後，衛靈公悲嘆著「我恨妳，妳這個女人太可怕了，妳是來毀滅我的惡魔。可是，我怎麼樣都離不開妳！」的戀人心聲，而孔子黯然離開衛國。

日語、西洋、中國典籍

佐藤春夫〈雉子的炙肉〉（一九一六）則是先引用《聖經．馬太福音十六》，接著引用《論語》「鄉黨」末段：「色斯舉矣。翔而後集。曰。山梁雌雉時哉。時哉。子路供之。三嗅而作也」。直接引用原文的手法與〈麒麟〉相同，中西排比分立的奇特結構更與〈李太白 A fairy tale〉一致，從開頭處就宣示這是以西式手法改編的中國典籍故事，而且是在日文語境之中。

〈雉子的炙肉〉將「色斯舉矣」這段《論語》中爭議極大的句子發展爲短篇小說，正文從「孔子突然停住腳步。子路慌張地問道：『老師，怎麼了嗎？』」開始，描寫擔心孔子年事愈高的子路，與陶醉在「湛藍無際的深秋晴空中，鳥兒輕輕飛起，四處盤旋高飛，直到蹤跡如黑點般，才停歇在樹蔭內」自然風景的孔子之間的關係。孔子讚嘆著「那十步一啄、百步一飲的雉子，在這難得的晴暖天色、溪谷之畔，肯定是帶著悠遊自在的心境吧，一定是的。」但又想起獲麟之事，煩惱起「自己爲何總是期待著世人能明瞭自己的理想呢？有時覺得這樣的自己爲勇可敬，有時又覺得，自己正如路邊農夫所嘲笑的一樣不堪。」因而轉身說「由啊，我們回去吧。我得儘早完成《春秋》呢」。

對於孔子所說：「所有的事情都需因應時節，說到時節呀，你看到那橋上的雉子沒？」子路理解爲「老師應該是說現在是吃雉子的好時節吧。對、一定是的，已經十月了，獵人開始進山打獵了，雉子的滋味也挺不錯，最重要的是，可以滋補老師的身體呢。」因此特地買來雉子炙烤，孔子也不忍拒絕子路的一番心意，只是也不忍下嚥，因此行禮如儀後擱筷未食。

〈雉子的炙肉〉寫出《論語》中惜言如金的孔子，與資質魯鈍的子路之間的誤解，佐藤春夫提供了理解孔子駐足觀雉之心境背景，描寫孔子的失意與煩惱，並分解「子路供之。三嗅而作也」的動作，使《論語》句子成爲一幕短劇，但並未解釋經典之義。甚至在最後加上了「這個故事就到這裡結束。並沒有什麼道德教訓之類。但是如果愛好古典物語的讀者，要抱怨這個故事的結尾沒有半點道德教訓的話，那麼作者就爲這種人加上道德教訓的工夫也無不可。——我就加了：『說出口的話，永遠無法如初心般被對方所理解。可是朋友啊，千萬別因爲這樣而生氣啊』」。這裡沒有谷崎潤一郎般層疊氾濫的形容詞，但也沒有新穎的觀點與解釋，唯一可以確定的是對「去道德」的強調，就連最後加上的訊息，也是對於要求文學需配備道德教訓的讀者的反諷。

古典新銓？現實新編？

中島敦〈弟子〉（一九四三）則描述子路從一介莽夫、拜師追隨孔子周遊列國、直到成爲死前不忘扶正衣冠的君子的轉變。在孔子見南子的段落中，中島敦先以「衛靈公是個意志極爲薄弱的君主。雖然並未愚蠢到不辨賢不肖的地步，但畢竟耳軟心活，厭惡逆耳的諫諍而喜歡悅耳的諂諛。結果是衛國的政權變成了後宮的玩物。」交代時空脈絡。關於事件的契機，則是「南子是個有點小聰明的女人，喜歡過問國家大事，只要她表示意見，靈公莫不點頭贊成。」我們可以在「意志極爲薄弱」、「小聰明」這些描述性的語調中，看到作者判斷與說明的意圖。關於南子的魅力，則遵循著典籍紀錄：「南子隔著一層半透明的絺帷予以接見。孔子一進門便循規蹈矩地北面稽首。南子在帷中默然再拜還禮，但不斷左顧右盼，故作嬌態，每有舉措，身上所佩的環珮便璆然而響」、「嬌艷嫵媚，彷彿一朵盛開的牡丹」，並未多加著墨。

在人物的心理動機方面，設定南子是因爲氣憤「爲什麼靈公要那樣尊敬孔子爲賢者？那般高頭大馬、不解風情的糟老頭兒有什麼了不起？還要瞞著別人悄悄地同車出巡？眞眞豈有此理！」才挑起事端。另一方面，則以「孔子從衛侯之宮回來時，子路顯然心中有氣，露著一副不屑的神情。老實說，子路多麼希望孔子能鼓起勇氣，乾脆把南子之類的要求一概置之不理。至於孔子，也注意到在子路這個頗具政治手腕的幹才身上，依然並存著一個永不成熟的大男孩，不由著啼笑皆非，不知如何是好。」爲孔子與子路的形象增添生命力，也從他們的個性來解釋其行爲。

中島敦的重點也不在於道德教訓，但更非谷崎與春夫所重視的權力慾望與角色形象。而是使故事成爲辯證「天命」、「善惡」的論述。「善人在有生之年能有善報而得遂其志的，古代如何不得而知，但在現今之世，卻絕無僅有。爲什麼？爲什麼？童心未泯的子路越想越迷惑。但不管他如何憤概，也憤概不出個所以然來。他狠狠地跺著腳，一邊不住地想：天是什麼東西？天有眼睛沒有？如果這樣的命運是出自天意的安排，那麼非反抗天意不可！」到最後，子路都無法從困窮的孔子身上看到「善報」的好處，但他的答案是：「把自己變成一面盾牌，要在這舉世混濁的環境裡，好好地保護這個人。要代他承受一切俗世的煩勞污辱，來報答他在精神上的教導與照顧。」中島敦為子路找到了「天命」，讓這位古代人物擁有了現代社會肯定的生存價值。

我們或可藉著佐藤春夫對「支那趣味」的體現與反省，來理解其名作〈女誡扇綺譚〉（一九二五）。主角與好友「世外民」面對同樣的風景與事件，主角歌頌其中野性不羈的生命力，耽溺於自己想像出來的浪漫故事，臺灣人「世外民」則是從詩文典故、歷史傳說的脈絡來理解。結果，事件的眞相與他們所推測的都不一樣，更為無奈殘酷。若眞實的揭露如此艱辛，那麼承認自己有著以想像覆蓋現實的小嗜好，或許是度過憂鬱人世、戰爭離亂的一種手段。

小專欄

佐藤春夫的福建之旅——〈星〉、《南方紀行》

佐藤春夫這趟三個多月的臺灣之旅，不只是在臺灣西部進行深度之旅。

其實佐藤春夫一來臺灣，就遇上暴風季節，整個行程大亂。他聽從《臺灣蕃族誌》作者森丑之助的建議，更改行程。請中學舊友東熙市的牙醫診所助理，同時也是廈門人的鄭享綬作為翻譯與嚮導，轉而前往他心嚮往之的中國廈門、漳州旅行。這趟意外的收穫，都記錄在《南方紀行》裡。佐藤春夫在書中也提到，在漳州的旅舍中，聽聞了陳三五娘的故事，獲得創作小說〈星〉的靈感。

「陳三五娘」對於熟悉中國傳統戲曲的人來說，應該不陌生。這是在閩南地區與南洋一帶廣為流傳的故事，有小說、戲曲等諸多不同的演繹形式，男女主角是陳三、五娘，還有一位作為紅娘的婢女益春。較為著名的經典橋段有五娘拋荔、陳三磨鏡等，故事主要描述陳三與五娘之間的情愛糾葛，因此又有《荔鏡記》、《荔枝記》等名稱。

佐藤春夫從陳三五娘的故事中汲取養分，創作出〈星〉。在角色塑造上，仍留下原本的角色與姓名，但卻為益春增加戲份，讓其重要性高於陳三與五娘。原本陳三五娘故事背景在宋朝，〈星〉中益春懷的孩子卻是明末重臣洪承疇。以及貫串全篇的象徵「命運之星」，意義遠大於「荔」與「鏡」這兩個陳三五娘故事的代表物。從這些地方都可看出〈星〉已然是佐藤春夫的再創作了。

在〈星〉中出現的空間、景物，例如銃樓、走馬樓（即二樓陽臺。佐藤春夫的另一篇名作〈女誡扇綺譚〉也曾出現過），也都是混合了真實的旅行經驗與自己的想像。配合《南方紀行》，更可以看出福建之旅對他創作的影響。

佐藤春夫在《南方紀行》中，描述他觀察的兩位女子。一是剛到廈門時遇見的美麗女子，她在二樓陽臺，彎腰逗弄著猴子；另一位則是看似有教養的年輕女子，在二樓陽臺賭博。而同樣的二樓陽臺，在佐藤春夫眼中，蘊含著兩面性的辯證，在此空間的女子分別代表了美麗純眞與墮落，有如〈星〉中在走馬樓上拋荔的五娘，同時具有美麗與忌妒的兩面性。

佐藤春夫透過自己對中國文化的想像與理解，以及廈門的旅行經驗，將原本中國式的二樓陽臺，一個具有打破內外、公眾私密領域，作爲人與人結緣的正面意義空間，轉化成探問親密關係正當性的不穩定空間。

從〈星〉中描述陳三、五娘、益春之間的三角戀，更可以看出佐藤春夫的個人關懷，都與他在日本內地所面對的情感關係，有許多呼應之處。

在〈星〉中，陳三原本以爲找到命中注定的對象，成立家庭後，一切會因爲家而安定下來。但從五娘引發的事件證明，「家」有時是避風港，有時卻也是暴風源頭。三人行建立的以家爲單位的親密關係，最後也破滅了。佐藤春夫面對這樣的難題，也無力解套，在故事中只能拆解了原先對家的美好想像後，突兀地結束了三人的故事，甚至借來一位知名歷史人物洪承疇，作爲陳三故事的新生代來讓故事收尾。

佐藤春夫並沒有爲愛或不愛、第三者存在的情感糾葛提出解答，因爲他也還在人生的道路上，找尋著自己的方向，這也正是他到臺灣進行放浪之旅的原因。

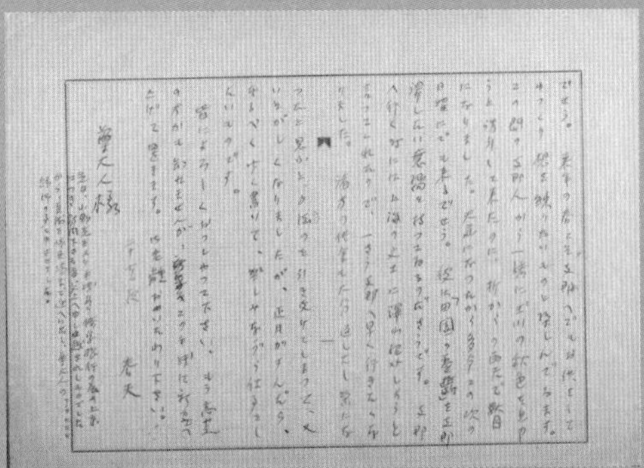
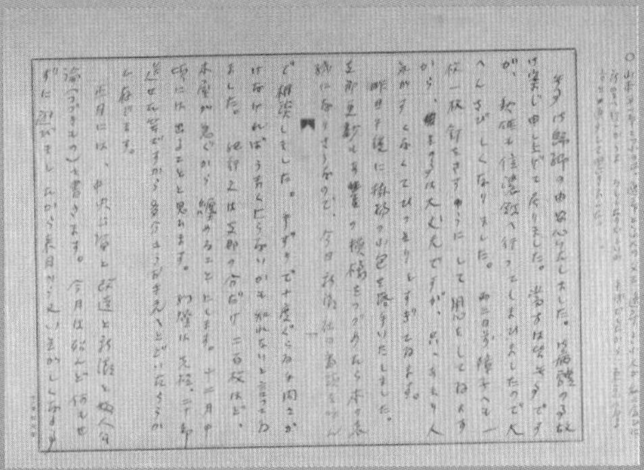

佐藤春夫致佐藤豐太郎（父）書信 1921 年 10 月 27 日。信中顯現《南方紀行》的出版經過，諸如「想把支那花布做成書的封面」、「紀行文光是支那部分就多達兩百張稿紙，因為書店在催所以先彙整這部分」。

怪談乎？推理乎？
——從〈女誡扇綺譚〉看臺灣的奇幻與偵探

◎盛浩偉

臺灣妖異怪談的前行者：〈女誡扇綺譚〉

近幾年，本土「妖怪學」在臺灣引起關注，從民俗學的田野考察，到許多文字及影視創作，再加上衍生文化創意商品等等，不一而足，蔚為風潮。這種關注妖異奇幻、以怪談異聞為題材的文學創作，若是要在臺灣文學史上溯源，那麼或許可以追溯到佐藤春夫的〈女誡扇綺譚〉吧。

一九二〇年，文豪佐藤春夫由於「小田原事件」而來到臺灣，進行了一場「殖民地之旅」；五年後的一九二五年，他以這段經驗為素材，將之轉化為數篇小說作品，而〈女誡扇綺譚〉就是其中之一。十幾年之後，研究西洋文學、比較文學，且任教於臺北帝國大學的講師島田謹二，對於這一系列作品大加重視，甚至寫了一篇專文，讚譽〈女誡扇綺譚〉是臺灣「外地文學」的里程碑，認為這篇小說：「應該說是臺灣散文體小說中的空前唯一，從其文學價值來說，也應該說是斷然拔得頭籌。」——它的成就與美學地位，可見一斑。

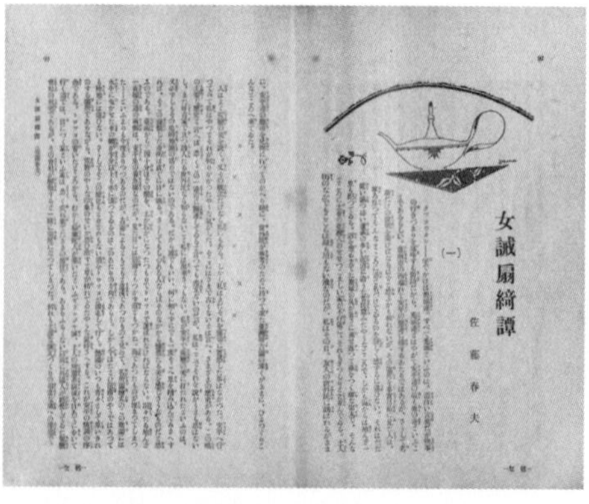

〈女誡扇綺譚〉，刊載於《女性》1925 年 5 月。本篇為佐藤臺灣相關作品的最佳傑作，兼具神祕之美的藝術性，與批判殖民問題的社會性。

〈女誡扇綺譚〉的故事梗概是這樣：敘事者同時也是主角「我」是位日本記者，一日，他與臺灣詩人好友「世外民」兩人一同參觀臺南的禿頭港，偶然晃進一間曾經繁華，但如今已無人居住的崩毀廢屋，卻在裡頭忽然聽見一年輕泉州女聲，幽幽探問：「你爲何不早點來？」事後，兩人從附近居民的口中得知可能是見鬼了。原來，那間廢屋原爲豪門沈家的大宅，而沈家曾經一夕之間落魄，其千金也因而瘋狂，直至死前都仍癡癡盼望著本該來迎接她的夫婿，所以死後，才會化身女鬼。不過，「我」卻不滿意於這個解答，反倒提出了種種可能，之後又有一次機會，兩人重訪禿頭港，遂再次至沈家大宅探索，竟找到一把「女誡扇」。幾日後，報紙上刊登了有人在大宅中上吊的新聞，「我」從事件的蛛絲馬跡聯想，串起了種種線索，最終推理出了女鬼的眞相；事實上，鬼並不存在，有的只是一段陰錯陽差、披上了鬼故事假象的悲戀故事。

這是中篇小說，裡頭卻鎔鑄了琳瑯滿目的元素，有殖民情境、有頹廢之美、有鬼怪幽靈、有偵探推理，甚至還有愛情。這些元素彼此扣連，緊密結合，加之佐藤春夫流暢淡麗的文筆，在在都誘發讀者的好奇與趣味，無怪乎會受到當時文學研究者的重視，並賦予如此重要的地位，而今日縱使經過一層翻譯，也不減其魅力。

該如何看待〈女誡扇綺譚〉？

事實上，一篇真正優秀的小說，總能乘載著超出作者主觀意圖、超越時代的深刻訊息——這也正是我們總會以「文本」稱之的緣故。文本（text）的詞源意味著編織，而作者的書寫也往往會在字裡行間無意識地將他自身的識見、將他所處的時代脈絡給編織進其中；至於有沒有辦法抽絲剝繭，從單一文本照見一個時代，取決於我們如何「發現」文本的線頭。言歸正傳，〈女誡扇綺譚〉當然就是一篇意義足夠飽滿的文本，過往有許多研究、解析，早已挖掘出藏在裡頭的政治性意涵（譬如殖民的議題、看待歷史的態度等等），在此，我則想要把焦點放在另一個端，從它分屬的文類來探問。

回到曾經高度讚揚這篇小說的島田謹二。他之所以會如此大力讚揚這篇小說，一方面除了欣賞小說本身的秀異，另一方面也與他當時的意圖有關。當時，臺灣是日本帝國的殖民地，在文學文化上，同樣也附屬於殖民母國日本，但島田謹二則想要指出臺灣這塊土地所孕育出的文學特色，藉此建構一套文學論述，也就是「外地文學」。「外地」相對於「內地」，也有自成一格的獨特性，對他而言，〈女誡扇綺譚〉內的諸多「異國情調」（exoticism）元素，實在是再

水谷清所繪〈新譯女誡扇綺譚〉。這是由仰慕佐藤的水谷造訪安平時所繪，懸掛於佐藤家的客廳。構圖為原英國領事館與臺灣少女。

具代表性不過了，譬如「盛夏的熱帶自然風景」、「支那系統的文化」、「灼熱」、「荒廢」、「瑰麗」、「縹緲」，都在日式傳統美的範疇之外，是「日本人審美感尚未完全熟悉的」，進而能開墾日本人感受性的處女地——很明顯地，這些看法都有著那個時代的限制，完全只考量日本、以日本人爲中心而出發的。不過撇除掉這些，島田謹二接下來提及的，或許更值得我們今日細細思索。

照島田的話來說，這篇作品中，還帶有「怪奇故事」（conte fantastique）與「偵探小說」（roman policier）的元素，兩者各自具備「怪奇」、「幻想」與「合理」、「解釋」這兩個面向，前者使讀者生發感傷、恐怖等感受，後者則理性且睿智，足以透析神秘。他甚至提到，這篇小說裡的解謎安排，可以看做是「日本新文學中谷崎潤一郎氏以來嘗試的偵探小說中的第一把交椅」——上述這些評語，乍看之下並不突兀，但深究起來，卻有不少需要釐清之處。對於偵探推理小說的讀者而言，首先會注意到的異樣，或許是他把「谷崎潤一郎」與「偵探小說」擺在一起講，然而照今日的認識，我們會說谷崎潤一郎是耽美派、惡魔主義的純文學小說家，卻不會認爲他是推理小說家。

不過，另一個更大的問題則在於，「怪奇故事」和「偵探小說」，應該是分屬光譜兩端，換作今天的話來說，「怪奇故事」或許比較接近奇幻文學，而「偵探小說」則是犯罪推理小說，且這兩種文類在本質上，彼此很難相容。這就衍生出核心的問題——

如果要分類的話，那麼，〈女誡扇綺譚〉應該屬於奇幻怪談？還是偵探推理？然後，爲什麼在這篇小說中，這兩者會結合在一起？我們又能從中看出什麼意義？

「偵探推理」文類出現的意義與在東亞的發展

讓我們把問題再說得清楚一些：爲什麼這兩種文類本質上彼此很難相容呢？簡而言之，那關乎著「過去／前現代」與「現代」。「現代」其實是歷史學與社會學上的大題目，如今當我們提及「現代」的時候，除了是一種斷代劃分（相較於遠古、中古等等時期），它通常還意味著，人類的發展跨過了一道區隔，這道區隔之前和之後，在內涵上有著巨大的不同，可以說是一種與「過去／前現代」的斷裂。最大的不同是，第一，人類的認知模式產生了劇變，在此前，人們可能更傾向於相信神話、相信傳說、相信宗教，但在此後，人們開始相信科學、相信理性，更相信憑藉著這兩樣東西，可以理解整個世界。第二，人類的生活模式也有了改變，以前的人們主要生活在鄉村，務農為主，但現代之後的人們開始發展工業、開始進入城市；而城市和鄉村的生活則是如此不同，後者人與人之間關係稠密，且以血脈宗族為核心，街坊鄰居可能都有親緣，換言之，多以（大）家族為單位，但前者，則是被不特定的陌生群眾所圍繞，人與人的距離疏遠，多以個人或頂多以（小）家庭為單位。

也因而，進入「現代」之後，人類在這種迥異於過往的處境裡，當然會創造出新型態的東西，比如，愛倫坡（Edgar Allan Poe）於一八四一年所寫的〈莫爾格街凶殺案〉（The Murders in the Rue Morgue），被認為是「第一篇偵探小說」，也是這樣的條件下所催生的產物。簡而言之，這篇小說就是發生在某棟住宅中的密室凶殺案，其中也有一位法國偵探角色杜邦，透過蛛絲馬跡，獨排眾議推理出事件眞相，最終成功破案。但它之所以和前面提到的「現代」特性息息相關是因為，在外在條件上，如果人與人之間緊密得沒有秘密，那麼便沒有成謎案件發生的空間；並且，內在條件上，人們如果不夠相信科學理性，那麼就不會硬要追尋一個「合理」的解答。理性至上、遵奉科學證據，相信如此便能夠解決一切困難、解答一切謎題，這是現代人才有的精神，也是推理小說的核心精神。

偵探推理小說與現代，都生發於西洋；而在地球另一端，位於東洋的日本進入明治時期，開始西化同時也是現代化的工程，當然，也引入了偵探小說。明治十年（一八七七），有了第一篇被翻譯成日文的偵探小說，〈和蘭美政錄楊牙兒奇談〉，這是荷蘭作家克里斯蒂梅耶爾（J. B. Christemeijer）的作品，翻譯初衷本是藉由關心荷蘭的政治、司法與警察制度，來推動日本的內部改革；此後，仍陸續有一些翻譯的偵探小說，而其最具標誌性的，首推明治二十一年（一八八八），黑淚岩香以「翻案」的方式（也就是並非逐字逐句翻譯外文，而是以原文梗概重新寫就）一連在報紙上刊載了數篇作品，廣受大眾讀者好評，自此帶來日本人自行效法創作偵探小說的動機，甚至也確立了「偵探小說」這個詞彙與文類。

雖說如此，但日本的「現代」還未那麼透徹地由外在普及至內在，是故，直到大正十二年（一九二三年）江戶川亂步開始認眞創作偵探小說之前，「日本偵探小說」這一文類的內在形式與美學都還沒有被確立，有的，就只是各個文豪們零星的嘗試。谷崎潤一郎就是其中一位。在一九一〇至二〇年間，他曾創作數篇帶有強烈犯罪推理風格的小說，最後集成小說集《秘密》，可謂日本

「偵探／推理小說」的先行者（附帶一提，據說就是此書中的〈途中〉一篇啟發了江戶川亂步日後的寫作）。而這也是島田謹二提到谷崎潤一郎的原因。

至於在臺灣，情況則比日本遲，大約是大正期（一九一〇至二〇年代）開始出現，但與其說是「偵探小說」，其更像是「偵探實錄」，絕大多數的作品都是根據實際刑案改編，側重其眞實紀錄的面相，創作或虛構的成分不強。此外，這些作品大多都刊載於司法、警政相關的雜誌刊物上，會讀的幾乎也都是相關職業的男性，換句話說，讀者群十分限定於特殊群體之間。至於作者，則數量更少，且也同樣是相關職業者，其中一個比較常見的名字是「座東光平」，但關於他的生平，目前所知甚少。要說認眞的「偵探小說」，大概要到一九四三年，以「林熊生」爲筆名的金關丈夫發表了一系列的「曹老人」故事，戰前臺灣的偵探小說讀者才從特定群體擴大到一般人。（但這個時間點，也比〈女誡扇綺譚〉要晚了將近二十年。）

難以盡除的魅影催生了怪談

話說回來，雖然「現代」強調理性至上、遵奉科學證據，但弔詭的是，這種「啟蒙」所擘劃的美好理想，並沒有眞的點亮這個世界所有的迷魅與黑暗。

想想我們今日的時代，這是人類科學知識史無前例蓬勃的時代，卻也是占星、命理、卜卦等僞科學前所未有普及的時代。後者從未被前者除魅，反倒是披著前者的外衣，同等壯大著。也許這是因爲生而爲人的本能？一方面，我們體會到理性的力量，人彷彿可以藉此成爲神，但另一方面，卻又本能地畏懼自己眞的成爲神，故而想像／相信著世界上仍有我們所不能觸及的禁忌領域、超出語言範圍的眞理、雙眼所不能見的超自然力量。或許也就是這份「本能」的緣故吧，原先在「過往／前現代」佔有一席之地的神話、傳說，在面對「現代」挾科學與理性之力進犯的時候，遂蛻變爲奇幻、怪談、鬼故事。

比如在明治期的日本，有一位來自代表著「現代」的西方、屬於愛爾蘭與希臘混血，名爲派翠克．拉夫卡迪奧．赫恩（Patrick Lafcadio Hearn）的人，因爲嚮往著仍保有神秘的東洋，而踏上了日本。他在日本期間大量接觸民間傳說，還娶了日本妻子，最終甚至歸化日本，有了一個人們更爲熟知的名字，小泉八雲。因爲語言的隔閡，小泉八雲並不能精準地掌握這些民間傳說，只能得其大概，但這反而讓他必須發揮創作能力來補足這些故事，也因而最終發展出「怪談」這種文類。相較於能透析一切的理性，它更強調以文學作品爲容器，收納那些人們仍舊不可解的事物，乘載著我們對另一種陌生世界的想像。除了小泉八雲，戰前日本另一位幻想文學的先驅，可以說就是泉鏡花了。他總是透過日本過往的傳說或鬼故事，在其中馳騁想像力，將實際人生經歷轉化爲妖異綺麗、悽美絕倫的小說場景，這些難以言喻的閱讀感受，也正是魅力之所在。那或許是無法被言明的東西。

怪談乎？推理乎？

那麼，讓我們回到〈女誡扇綺譚〉，回到最初的問題。這樣看來，它究竟是怪談乎？抑或是推理乎？

從小說文本本身來看，其結局，是「我」透過推理，發現了謎底，揭穿了鬼故事的眞面目；同時，「我」又是個殖民者、日本人，相對於臺灣和臺灣人而言，則是代表「現代」的存在。換言之，如果按照一般文學賞析的步驟與符號解讀慣例，這樣的結局，恐怕就是象徵著殖民者與現代的雙重勝利，而過往與前現代終將被征服。那些荒煙蔓草、破敗大宅營造出的歌德式小說的詭譎氛圍，終究只是老舊過往尚未被清除殘骸而已。——然而，眞的是如此嗎？如果拋開這種「專業」的文學賞析，回歸最純粹的閱讀感受，不會有一絲絲惋惜、不會有一點「難道只是這樣而已嗎？」的可惜念頭嗎？是的，在敘事者的引領與讀者的好奇探究之下，謎被解開了，但同時，難道不會忽然希望這個謎不要被解開嗎？這篇小說的魅力，不就在於謎將解未解的時候嗎？

那麼，佐藤春夫本人可能是怎麼想的呢？他曾經寫過一篇〈潤一郎．人及藝術〉的論文（一九二七年三月《改造》雜誌），談論到他最早開始創作時，文壇的狀況。當時自然主義當道，人們強調以科學觀察自然的絕對客觀方式來觀察人類，並且原原本本地寫下來；而他認爲那樣的文壇風氣讓產生的作品「近乎淡薄無味」，甚至還稱那是一個「藝術上的恐怖時代」，因爲最具文學的內涵——如「夢幻」、「主觀」、「誇張」、「雄辯」——都被拔除了。相對地，他尊崇浪漫主義，認爲浪漫主義的本質是「對未知世界的好奇心」、是「像小孩子一般，對異常的事物、陌生的美都抱有好奇心」。而正是在現代這樣一個人類脫離宗教神明的掌控、理性啟蒙的時代，才更應該藉由浪漫主義的藝術，來發現每個人獨特的個性，欣賞每個不同的內在。

他的這種說法，很能夠作爲〈女誡扇綺譚〉的註腳。老實說，無論是「偵探小說」、「推理小說」，或是「幻想文學」、「怪談」，這些文類之確立，乃至整個文學體系的整備（例如有佔據價值主流的「純文學」，有佔據市場的「大眾文學」，大眾文學底下又分種種不同類型，云云），這些恐怕都是學術

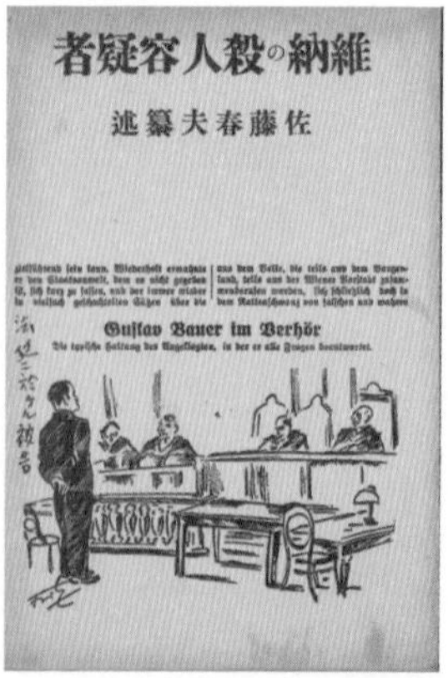

佐藤春夫，《維納的殺人嫌疑犯》，1933 年 9 月，小山書店。題材由親弟秋雄提供。自發表〈指紋〉（《中央公論》增刊號 1918.7）以來，佐藤也以偵探小說聞名於文壇。

體系歸納出來的後見之明，回到歷史的現場，那恐怕是文學才剛脫離混沌、慢慢有了一些分枝，但仍舊彼此交融著的年代。而在作家創作的當下，謬思女神降臨的瞬間，這些都只是次要；而真正重要的，是如何把這種「對未知世界的好奇心」，透過作品，傳遞給讀者。

怎麼分類不那麼重要了。但重要的是從這個「線頭」，我們俯瞰歷史，最終碰觸到作者最原初的心。從這個角度來看，透析〈女誡扇綺譚〉的意義，或許就是讓我們看見那個文學還相對混沌的年代：芽已萌生，有待茁壯——這不只是指奇幻小說或偵探小說這些文類在日本與臺灣的發展，也是指從外地文學到臺灣文學的過程。而這篇小說則宛若初生雛鳥，待在充滿浪漫與神秘的巢中，身上還拽著混沌的殼，眼中預見了臺灣文學日後的現代化，並且準備展翅起飛。

（本文觀點深受文學研究者曲辰之啟發。尤其我曾與他在二〇一九年五月十八日於青鳥書店之「青鳥╳獨步推理課：幫文豪檢查身體，以及他們如何敘說文明」活動上對談，此外，他所編選、導讀的《文豪偵探》（獨步出版，二〇一九年三月）、《文豪怪談》（獨步出版，二〇一九年五月）二書，亦惠我良多。本文還參考中島利郎〈日本統治期臺灣偵探小說史稿〉（收錄於中島利郎編《日本統治期臺灣文學集成9　臺灣偵探小說集》（東京：綠蔭書房，二〇〇二年））。特誌謝忱。）

小專欄

恐怖的臺灣：歌德古堡、沈氏大宅、〈霧社〉原住民少女之家

「倘若我能有愛倫坡的文筆，把眼前景象描繪出來，說不定可以和他的《厄舍府的沒落》開場一較高下呢。」

佐藤春夫所說的「這景象」，其實是臺南安平的淺灘，正午時分混濁的海水，往主角緩緩襲來，像是宿醉後的白日夢魘，讓來自日本的主角不寒而慄。

一般人前往異地旅行時，往往會將眼光集中在美麗的事物上。但佐藤春夫筆下的臺灣，不僅對美的部分淋漓盡致，恐怖的部分也著墨甚多，他甚至找出了專屬於臺灣的恐怖。

其實「發現」恐怖，應該是佐藤春夫有意爲之。在〈女誡扇綺譚〉中，主角見到了奇異的景色，便興起了與小說家愛倫坡一較高下的念頭。也就是說，佐藤春夫想把臺灣寫成愛倫坡式的歌德恐怖小說。

「歌德」這一詞於十二世紀以前，是指稱日耳曼民族的一些部落，含有「野蠻的」、「未開化的」、「粗魯的」等意義，之後衍生出象徵城堡、騎士等中世紀事物，或是與恐懼、未知和神祕等超自然力量有著連結。這些衍生意義，以及歌德城堡等建築，被文學所沿用，成爲歌德小說與偵探小說的關鍵元素。

美國歌德小說興起於十八世紀末期，一開始沿襲英國歌德小說，但不久後新大陸作家們即遇到了困難——在一個缺乏傳統歌德式建築與傳說的土地上，要如何孕育屬於美國的歌德故事？愛倫坡（一八〇九—一八四九）就嘗試從美國這塊新大陸上汲取養分，挑選有別於傳統歌德的古堡、莊園，同時具有美國特色的素材，例如原住民與移民之間的種族關係、家庭結構崩解、亂倫與謀殺等，創造出屬於美國的恐怖。

建築是歌德恐怖小說不可或缺的元素。佐藤春夫就在他的臺灣作品中，

藉由建築來描寫恐怖。先是〈女誡扇綺譚〉中，主角一開始不得其門而入，後來更聽到鬧鬼傳說的沈氏大宅。這棟曾經雕欄畫棟、現在已經斑駁荒廢的廢墟，積滿塵埃、洋溢腐敗氣味，更重要的是在現實中不可能存在。小說中描述沈氏大宅位在海邊，是有二樓建築的三合院，進門正廳之上的二樓，是沈家千金小姐的閨房。但這些都不符合臺灣傳統民居的條件，只是讓沈家小姐有如城堡裡的公主，癡心等待著情人，結果等到的是悲劇。

另一篇小說〈霧社〉，則是有一棟原住民所居的房舍，主角在傍晚時分跟隨著可愛的少女來到，四周光線昏暗，讓人無法判斷這是原住民或漢人的建築。隨著門戶突然鎖上，燈火閃滅，他開始聽不懂可愛少女所說的訊息。早在上山之前所聽說的原住民暴動等傳言，就在這棟陰暗詭異的房子之中急速膨脹，頓時「他們會傷害身爲日本人的我！」的不安情緒爆發，這種簡陋的房子儼然像歌德古堡般，成爲殺死理性與良知的機關。

總而言之，上述兩篇文章中的故事主角在臺灣的旅行，都映照出自己的「日本人」意識，凸顯出身爲「日本人」的外來者所無法理解的臺灣一隅。原住民少女的「家」——不像「蕃屋」也不像漢人或日本建築的奇特空間，或是恐怖與浪漫合一的沈氏大宅，這些令人不快的空間或風景，在佐藤春夫的轉化下，也成爲了具有臺灣風土特色的恐怖小說。

第四章　旅行的餘韻

佐藤春夫的作品成爲記錄與想像臺灣的典範，激發後世作家的仿效與批判，激盪出臺灣文學與文化論述的豐沛能量。以口簧琴、燈火、少女營造出的原住民世界；以悲戀、潮水、鬼屋等符號，化用偵探辦案、才子拾扇等模式，營造出中華盛世外的天地，所以能夠吸引後人按圖索驥，更引發再現臺灣風景的欲望。

另一方面，也有人認爲臺灣不只有鬼魅或野性的面向，從而挖掘具有歷史感與生活感的側面，這些著力於調查報導、批判創作的知識分子，包括後來的前嶋信次、國分直一、石暘睢、朱鋒（莊松林）等人，甚至被戲稱爲「臺南學派」。以臺灣作品受到日本關注的「臺灣少女」黃氏鳳姿、「股市之神」邱永漢，都曾受到佐藤春夫的提攜。直到二十一世紀的今天，佐藤春夫辯證清晰、想像層次豐富的作品都還在激發後人的想像力。

濁水溪
邱永漢著

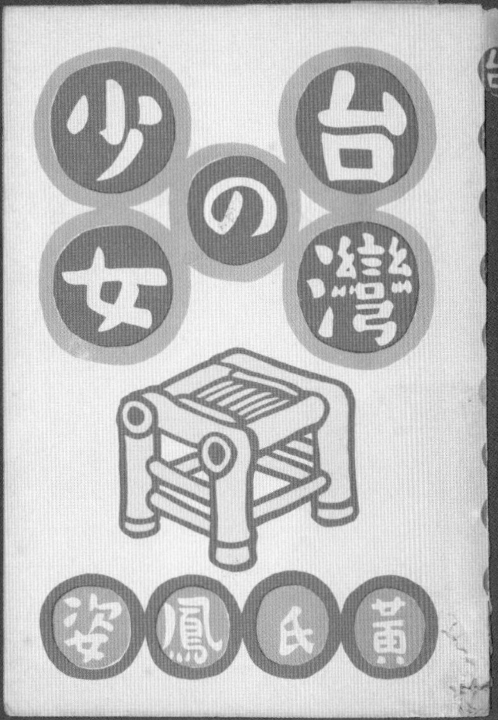
台灣の少女
黃氏鳳姿

日治時期日人作家遊臺灣——佐藤春夫及其前後

◎楊智景

前言

一八九五年（明治二十八年），中日甲午戰爭的結果，使得明治維新政府得到第一個海外殖民地——臺灣。而這個結果除了意味著日本成爲帝國列強之一以外，也漸次地在民眾的生活中發生影響，報紙、雜誌等近代媒體以各種不同形式的論述或敘事討論著臺灣，試圖召喚人們對臺灣的關注，在政策和媒體的宣傳之下人們想像著這個被稱爲「新天地」的帝國邊境，或加入殖民政府的統治事業、或移民拓墾、或經商、或僅尋求生存的機會。

一九二〇年代之初，日本人的海外旅遊隨著全球航運的發展，原本僅限於部分知識份子、政府官員、仕紳商賈等菁英人士的海外旅遊也逐漸大眾化。雖然經濟優渥的上層階級仍然以歐美爲主要的旅行地，但中國、滿州、朝鮮、臺灣、南洋等地也成爲許多民眾的旅遊選項。除了旅遊風氣之外，內部因素——殖民統治趨於平穩、日臺海上航路的增加、島內鐵路網的佈建、宣傳殖民經營成果以及建立殖民地獨立財政上的需求等等，使得殖民地臺灣成爲日本人海外旅遊的熱門選擇，同時「觀光」也是殖民政府當局亟欲發展的事業之一。在內外需求的雙向作用之下，媒體曝光度和知名文人的體驗式旅遊經驗介紹，是當時臺灣總督府所欲採行的宣傳策略，也因此催生出不少的殖民地旅遊書寫，比方一九二〇年來臺旅遊的大正時期新世代人氣作家佐藤春夫及其作品，就是一個膾炙人口的經典例子。

佐藤春夫的臺灣旅遊敘事固然具有啟後的意義，然而，從日本統治臺灣之前，「臺灣」就經由明治中期以來大行其道的殊方之域想像書寫的脈絡接合到帝國領土擴張意識，而成為對許多文學家或知識份子具有強大誘惑力的地方，從一些文學作品中看到明治人對臺灣的欲望投射則可茲證明。那麼，承接上述脈絡，我們不免好奇臺灣與日本內地文學作品的關係，例如：臺灣是如何進入日本文學者的視閾、在日本文學的場域中臺灣是如何浮現的……等等。

昨日的無主之地，今日的新天地

在一八九五年臺灣割讓給日本之前，從一六一〇年代的德川幕府派兵征臺、一六二〇年代中後期海上商人濱田彌兵衛事件、一七一二年出版的《和漢三才圖會》、一七一五年流行的庶民娛樂「淨琉璃」劇曲目《國姓爺合戰中》當中皆可見日本人對臺灣的強烈企圖，目的無非想利用臺灣當作與中國和南洋地區經貿往來的據點。雖然一六三〇年代德川幕府進入長達兩百二十年的鎖國時代，但是日本官方對臺灣的企圖心卻未曾因此淡化，一八七一年發生了琉球王國納貢船遇上暴風雨而漂流到臺灣南部的半島地帶，與當地原住民因溝通不良而發生衝突並遭殺害，這就是史稱的「八瑤灣事件」；一八七三年又發生了日本民間船隻同樣因爲遇到暴風雨而漂流到臺東的馬武窟、船民衣物被原住民奪去的事件。因此，一八七四年（明治七年）日本政府便以前述兩事件爲藉口，出兵征討臺灣，即「征臺之役」，臺灣史上稱之爲「牡丹社事件」，這也是明治維新政府的首度海外出兵。當時《東京日日新聞》記者岸田吟香以隨軍記者的身份旁觀了出兵狀況，並在該報的專欄「臺灣信報」發表了一系列的「臺灣出兵」戰地報導，這是臺灣首次以報導文學的敘事形式出現在現代化報刊媒體，報導中也不乏引用駐中國西洋記者的報導內容；對於同事件的官方角度記錄則有海軍翻譯官水野遵（一八九五年當上臺灣總督府初代民政局長）的《臺灣征蕃記》。綜言之，這些看似寫實的文字多半重複著臺灣的化外之域形象，透過不斷地複製負面敘事，強化居民的野蠻性以及臺灣是無主之地的印象，以合理化出兵的軍事行爲。

一八九五年日本統治臺灣以來，試圖在最短的時間內將臺灣摸索清楚，而由於民間人士渡航禁令的緣故，所以一般只有官方人員或經過特許的民間協力者能夠來到臺灣，事實上也有少數來自底層社會的偷渡者。因此，日本領臺初期的臺灣敘事多半出自與軍隊有關的人員、殖民政府官員、雇員或是人類學、民俗學、林業、農學、醫學等領域的研究人員之手，例如：森鷗外《徂征日記》、柴山覺藏《東臺灣探險》、中島竹窩《生蕃探險記》、石黑忠悳《臺灣日記》、久留島武彥《蕃地横斷記》、齋藤音作《莫里森紀行》，除此之外尚有更多資料性、寫實性、調查報告型的臺灣敘事，例如伊能嘉矩也參與其中的臺灣舊慣調查報告、或鳥居龍藏的人類學調查報告等等。值得一提的是享譽文壇的大文豪森鷗外，其《徂征日記》是一部隨軍日記，當時鷗外以陸軍局軍醫部長的身分隨著樺山資紀、北白川宮能久親王登陸臺灣，鷗外於一八九五年五月二十九日到九月中下旬駐留臺灣一百一十多天，所以日記中記錄了甲午戰爭、征臺之役的狀況、自身的駐留感想、駐軍所遭遇的各種環境險象以及風土不適症之類的事，可惜其後因爲改善軍中傳染病狀況的績效不彰而被調回日本。儘管職務表現如此，但是島田謹二評價征臺戰期間的森鷗外漢詩創作，初啟了臺灣的日本人文學，推前了外地文學的產生，也標示鷗外的來臺經驗和征臺書寫在日本外地文學史上的重要意義。

如上述所舉的紀錄式敘事也成爲文學家們想像臺灣的靈感來源，進而生產出文藝形式的演繹，例如從硯友社的尾崎紅葉、柳川春葉、村井弦齋的新聞小說到自然主義作家田山花袋、島崎藤村等人的作品中也可以看到臺灣。在這些明治期日本文學作品中所顯像的臺灣一方面是個疫癘猖獗、蠻荒未開的險境；另一方面，它也是個召喚出明治人的冒險精神、實現夢想的地方；而在長男繼承制以及社會階級變動的驅逐作用影響下，臺灣遂也成爲日本貧農和底層民眾的棲身選擇，換言之，臺灣在明治期日本文學中有著重層的意象，隱含著多重的邊緣性，也映射著新日本的各種念想和樣貌。一九一〇年代中村古峽〈到鵝鑾鼻〉、宇野浩二〈搖籃曲的回憶〉則開始展現旅遊記憶的敘事內容，多了對臺灣島上族群人文內涵的傳播，舉凡原住民族的神話、傳說也成爲臺灣敘事取材的來源。

基本上，直至一九二〇年代之初日本人的臺灣敘事皆有著極爲相似的性格，就是不斷地複製、強化臺灣的文明後進性和邊緣性，以啟蒙敘事來合理化日本帝國對殖民地臺灣的統治，以及標示出日本在東亞的領頭羊地位。

佐藤春夫的臺灣之旅

一九二〇年（大正九年）在文壇已頗具名氣的作家佐藤春夫來臺旅遊，這在殖民地臺灣稱得上是個大新聞。距今一百年前佐藤春夫因緣際會地在同鄉友人東熙市的建議之下來臺展開三個月左右的旅遊。這個原來以散心療傷爲目的的旅遊，對佐藤春夫自身的文學寫作或日後的佐藤春夫研究，乃至於戰前到戰後臺灣的日本統治時期文學研究產生深遠的影響。春夫自歸國之後至一九六三年的四三年間，由這次臺灣之旅觸發而生或觸及旅行回憶的遊記、小說、隨筆等勿論相關程度深淺計有三十餘篇，重要作品的發表則集中於一九二一至一九三七年之間，其中最知名的莫過於小說〈女誡扇綺譚〉（一九二五年／大正十四年），不僅被作家本人珍視爲生涯代表作之一，連同〈旅人〉、〈霧社〉及〈殖民地之旅〉都在發表當時獲得高度評價，直至近年也仍持續地觸發臺日兩地學界不同角度的討論。

佐藤春夫的臺灣系列作品當中有一類型是接合了當時風行於大正文壇的「支那趣味」，如〈女誡扇綺譚〉、〈星〉等，充滿「支那」異國風情的文本滿足了當時讀者的閱讀欲望，而大眾文學的方法如「偵探」、「推理」則使得文本同時富有現代感。佐藤春夫初期臺灣敘事中的殖民地臺灣是一個隱性議題，「臺灣」更像是一個生產異國風情的機制，除了「支那」情調之外，原住民族及山區部落也是另一個重要的主題，相關作品有〈魔鳥〉、〈霧社〉、〈日月潭遊記〉等。原住民族主題書寫的產生在於經由東熙市的引薦，春夫在抵臺之初就拜會了任職於總督府博物館的森丑之助，森是《臺灣蕃族圖譜》、《臺灣蕃族志》的作者，是日本統治期最精通臺灣山林生態和原住民族文化的非學院派博物學家，人稱「蕃通」，鳥居龍藏也讚其爲「臺灣蕃界調查第一人」，森丑之助基於自身的專業和人文關懷爲春夫的行程作出重要的建議，可謂是引領佐藤春夫深入觀看臺灣山林奧地的重要引路人。此外，適逢當時的總務長官下村宏有招聘知名文人以行銷臺灣的想法，因此原本預計爲私人旅行的佐藤春夫也因而受到了總督府的高規格禮遇，在官方的保護之下實現了山地之行，但相對地佐藤春夫的臺灣敘事縱然有批判視點的展現，然而計畫之外的官方禮遇或許也掣肘著其批判力度。佐藤春夫〈女誡扇綺譚〉發表的當時是空前唯一，其作用力將在後來的遊／居臺日人作家及其作品上逐漸顯現。

追隨佐藤春夫之眼及其他

〈女誡扇綺譚〉非但在日本內地受到歡迎，爾後在臺灣也因爲島田謹二的緣故而備受在臺日本人藝文人士的熱烈討論，甚至開啟了在臺日本（人）文學的理論化。一九二九年三月島田謹二來臺，進入臺北帝國大學擔任講師，教授英語、英國文學，來臺後的島田因結識了西川滿而逐漸關注起島內日本人文學的動態，從論述西川滿、伊良子清白、岩谷莫哀的詩作開始，一九三五年左右島田謹二更援用法國的「外地文學」論爲框架，試圖建立日本的「外地文學」論，在這個架構中殖民地臺灣是日本的「外地」之一，「外地文學」是日本文學的支流，簡言之，島田的「外地文學」論就是日本人觀點下的外地／殖民地日本文學觀察。島田主張「外地文學」應描寫特殊的外地景觀、外地生活者的心理和解釋當地人的生活情況，換言之，「外地文學」一方面是寫實主義精神底下的眞實敘事，一方面是令內地讀者產生強烈興趣的異國情調特色文學。島田的外地文學論爲在臺日本人文學指出了明確的方向，西川滿就是以此貫徹了其臺灣書寫的經典範例，島田與在臺日人作家的關係是一種理論與實踐的互爲強化，外地作爲文學的地理空間，是一種物質條件的存在，而創作的主體是日人作家，日人作家觀點下的外地／殖民地書寫方爲外地文學。島田在來臺之前就十分喜愛佐藤春夫的作品，一九三〇年代末的〈佐藤春夫的《女誡扇綺譚》〉論中，島田認爲充滿「支那」文化符號、客觀描寫臺灣風物和生活的〈女誡扇綺譚〉是「外地文學」的絕佳範本，也是使臺灣與日本近代文學接合的重要契機，而此論也幾乎定調了佐藤春夫臺灣系列作品的異國性和外緣性。因爲親訪佐藤的關係，兩人進而成爲莫逆之交，後來島田也自稱是「佐藤春夫文學上的學生」，而島田對春夫文學的解釋方式和定位也是受到作家本人認證的。

一九二〇、三〇年代直接受到佐藤春夫的臺灣敘事感召者有中村地平、大鹿卓，他們皆表明與佐藤春夫及其文學的受容關係。中村地平因〈女誡扇綺譚〉而產生南方憧憬，進而於一九二六年進入臺北高等學校就讀，一九三二年發表了處女作〈熱帶柳的種子〉乃至一九三九年的〈蕃界之女〉與〈霧之蕃社〉、一九四〇年的〈長耳國漂流記〉、一九四一年的《臺灣小說集》，皆可視爲其追隨佐藤春夫之眼而生的南方文學。幼年時曾經移居臺灣的大鹿卓，其代表作〈野蠻人〉（一九三六）以一九二〇年「撒拉馬歐事件」爲背景，與春夫在〈霧社〉（一九二五）當中提及的「撒拉馬歐的蕃人動亂」有互文關係，甚至佐藤春夫還爲一九三六年發行的《野蠻人》單行本畫了插圖，這一方面適度反映了佐藤春夫對臺灣原住民題材的持續關心，也說明了大鹿卓與佐藤春夫在「理蕃政策」或臺灣原住民族議題上有著共同的關懷和批判。中村地平、大鹿卓的臺灣書寫和想像揉合著強烈的浪漫唯美元素，對殖民政策的批判反思當中且參雜著男性欲望觀點，兩者的臺灣書寫一方面體現了對佐藤春夫臺灣書寫的延伸與繼承，一方面也存在著因內地人身份而帶來的文化超譯之類的侷限。一九三〇年發生了「霧社事件」，因此佐藤春夫的臺灣原住民書寫就更顯其前瞻意義，除了前述作品之外，在這個主題的延長線上還可舉出山部歌津子《蕃人賴薩》（一九三一）、北村鈴江〈霧社的事〉（一九三二）、大鹿卓〈蕃婦〉（一九三一）、野上彌生子〈蕃界的人們〉（一九三九）、眞杉靜枝〈征臺戰與蕃女阿臺〉（一九三九）等等。順帶一提，由於眞杉靜枝與中村地平之間關係密切，因此或亦可視眞杉靜枝的原住民書寫存在著佐藤春夫臺灣原住民書寫的遠端影響。

無論是被〈女誡扇綺譚〉中的耽美主義氛圍、異國情調吸引，亦或是臺灣總督府宣傳策略的奏效，除了前述中村地平、大鹿卓之外，繼佐藤春夫陸續發表臺灣旅遊相關作品之後，確實有更多的文學者或知名人士來臺遊訪，舉凡一九二九年德富蘇峰夫婦訪臺、一九三〇年《每日新聞》女作家來臺巡講團、一九三四年詩人北原白秋訪臺、一九三五年女作家野上彌生子來臺參訪始政四十週年博覽會，皆留下了豐富充實且具有影響力的臺灣旅遊敘事。隨著訪臺的女性作家顯著增加，女性觀點的臺灣書寫也倍顯重要，北村兼子《新臺灣行進曲》、林芙美子〈在殖民地邂逅的女人〉等新女性作家們的臺灣書寫尤其突破了殖民地表象，更細膩且深入地刻畫臺灣政治生態和底層社會裡的臺日人互動。

一九三七年七月發生盧溝橋事變，一九四一年底進入太平洋戰爭狀態，中日關係也隨之日趨緊張，殖民地臺灣在日本帝國擴張和建設大東亞共榮圈計畫中便因此有了新的定位，地緣政治上的情勢變化也反映在外地文學上，日本人作家的來臺目的不再是觀光旅遊性質。事變之後隨即頒布的「國民精神總動員實施要綱」確立了文化界人士的動員任務，許多作家也因爲一九三八年發佈的「國家總動員法」而被徵用前往各個戰地擔任報道員或從軍作家，一九三九年九月，身爲「南支派遣軍報導部」一員的火野葦平在前往南方的途中經過臺灣並停留了一週左右，這是火野葦平第一次來臺，且在西川滿的邀稿下寫了散文〈經過華麗島〉（一九三九），但當中對臺灣印象著墨並不多；一九四三年八月吉川英治因南洋旅遊的歸途來到臺灣數日，但關聯之作《南方紀行》中也僅提到「高砂報國隊的事」，以此取代了在臺數日間的印象。

一九四〇年五月文壇巨擘菊池寬號召作家們發起「文學銃後運動」，並即刻展開巡迴全國的「文學銃後運動講演會」，其目的在於宣揚日本文化精神、激勵全國後方民眾士氣，十二月中旬，他們一行五人來到了最後一站臺灣，菊池寬在行前受訪時曾推崇「雖然佐藤春夫是寫臺灣寫得最好的，但是居住在臺灣的人們應該多書寫出現今臺灣的南進之姿」。臺灣方面的因應，是一九四一年臺灣總督府設立「皇民奉公會」、一九四三年成立「日本文學報國會臺灣支部」，這些組織被納編在日本文學報國會底下並接受指導，因此日本內地作家經常基於國策協力而來臺進行文學協力宣導或推行大東亞共榮圈的理念。一九四二年三月，日人作家來臺舉辦全島「大東亞戰爭文藝講演會」，透過豐島與志雄〈臺灣的姿態〉（一九四三）、佐多稻子〈臺灣之旅〉（一九四三）、丹羽文雄〈臺灣的氣息〉（一九四四）可以看到皇民化運動下日人作家之眼中的臺灣印象／想像。

上述的這些臺灣書寫瀰漫著國策氣息，不同於以往的是，戰爭時期的「華麗島」只是臺灣的代稱，而既非具體印象的連結亦非旅人寄寓情思的對象，人們的生活、土地的景觀也不再是作家樂於關注的外地事物；「南進的途經地」、

「南進基地」、「南進據點」、「建設南方的範本」、「皇民化運動的堡壘」，才是此際殖民地臺灣的定位，是一個充滿戰略意象的存在。火野葦平〈高砂族〉（一九四三）中在南方島嶼叢林中穿梭奮戰的臺灣原住民，其饒勇善戰的姿態是大和精神的體現，是皇民化建設的成果。倘若日本人作家的臺灣原住民書寫存在著一種傳統、典型的話，那麼戰爭時期的臺灣原住民敘事首先是跳脫了過去總以女性爲視線目標的常態，並且向來貼在男性身上的粗暴衝動、易怒難馴、狡猾迅猛等形象標籤在經過戰爭敘事的轉譯之後，臺灣原住民男性被日本國族所收編、被賦予形而上意義而成爲「義勇」「報國」的大和戰士，但一方面也成爲被帝國、皇民意識形態消費的身體。

結語

日本統治臺灣初期到後期，經由隨軍作家、行政官僚、調研人員、文學家、藝術家、行旅者的臺灣書寫層層堆疊出殖民地臺灣的面貌和居住往來於此地人們的心理景觀。站在佐藤春夫遊臺百週年的時間點上回顧其一九二〇年無心插柳的臺灣之旅，從文學生產的角度而言，量的部份構成了一個有脈絡性的系列，質的面向上，也形成佐藤春夫文學上一個特殊的文學主題，乃至從知識份子論來說，佐藤也從政治的邊緣迂迴地回應了甲午戰爭以來吸引眾多知識份子、文人關注的殖民地議題。

明治維新以來日本向來以西方文明文化爲仿效對象，如果「外地文學」的存在也是日本堪比西方帝國的文化要素之一的話，那麼佐藤春夫的臺灣系列作品則是標示出「外地文學」面貌的里程碑之作，乃至深深吸引後人爲了追隨春夫的腳步而踏上殖民地臺灣，結果開出南方文學的果實。儘管長期以來，在傳統的日本文學概念框架底下，無論是作品或是論述，外地文學（論）或殖民地文學（論）儼然是日本文學的陰影、旁生之物，但用後現代的、新歷史主義的觀點來看，佐藤春夫及其直接或間接的後繼者所留下的殖民地臺灣書寫帶來了日本文學的生態多樣性，其當代意義不容小覷，而包含本文未及觸及的在臺日本人文學在內的外地文學作品，皆是值得持續深入考掘的文學資產。

佐藤春夫臺灣粉絲俱樂部

——楊熾昌、新垣宏一與西川滿

◎陳允元

小說引發文學想像

一九二〇年十月十五日，佐藤春夫步上巨船備後丸的長梯，自基隆港出發，結束為期約三個半月的臺灣之旅。返日後，他以這趟旅程的見聞為素材，陸續寫下了〈霧社〉（一九二五）、〈女誡扇綺譚〉（一九二五）及〈殖民地之旅〉（一九三二）等諸多作品。隨著日本帝國的擴張、及東亞近代交通網的建立，日治時期到過臺灣的日本作家不在少數。知名者有森鷗外（一八六二—一九二二）、北原白秋（一八八五—一九四二）、火野葦平（一九〇七—一九六〇）、春山行夫（一九〇二—一九九四）等。但真正給予臺灣文壇——無論是在臺日人作家、抑或本島作家——留下深刻影響、且擁有一大票粉絲的，恐怕非佐藤春夫及其小說〈女誡扇綺譚〉莫屬了。宮崎縣青年中村地平（一九〇八—一九六三）讀了他的作品，對南方產生憧憬，選擇渡海就讀剛創立不久的臺北高校；灣生新垣宏一（一九一三—二〇〇二）請本島人學生當通譯，徘徊在臺南的老巷與廢屋，對〈女誡扇綺譚〉的人物場景做細密的田野調查；時任臺北帝大講師、戰後在日本創立了比較文學學科的島田謹二（一九〇一—一九九三）著手建構在臺灣的外地文學史，認為〈女誡扇綺譚〉成就空前、足以登上與臺灣有關的散文小說的王座。西川滿（一九〇八—一九九九）深為其作品濃厚的異國情調及鬼魅感所傾倒，以〈女誡扇綺譚〉為典範，寫出了小說〈赤嵌記〉（一九四〇）；風車詩社的核心人物楊熾昌（一九〇八—一九九四）則在未識文學的少年時期，遇上來臺南取材的佐藤春夫，並在日後的文學路上，持續受到其耽美與荒廢美的系譜引導。同在此系譜上的本島人作家，也許還可以舉出龍瑛宗（一九一一—一九九九）、邱永漢（一九二四—二〇一二）等的名字。佐藤作品中由南方憧憬及荒廢美構築出的異國情調，無疑給眾人觀看臺灣的視線，疊覆上了一層奇異而艷美的濾鏡，而引發出更多的文學想像。

從虛構的日人記者到臺灣的詩人

小說〈女誡扇綺譚〉以第一人稱描述日本人報社記者「我」，在本島人友人世外民的帶領下，進到臺南禿頭港的廢屋探險，疑似遇見女性亡靈，進而揭開安平富商沈家沒落的故事。小說依據佐藤在八到九月間遊歷臺南、安平一帶的見聞為素材寫就，具有濃厚的紀行文色彩，容易讓讀者將作者佐藤代入小說中的敘事者「我」。也因此，小說出版後，開始有傳言謂佐藤曾因擔任記者而待過臺灣。島田謹二在撰寫《華麗島文學志》之際，對此傳言亦甚感困惑，於是曾就佐藤與臺南報業之關聯進行追究。他的結論是：佐藤並沒有在臺南從事記者工作，這是將小說的虛構與事實混同的謬誤。但《臺南新報》確實曾向剛成名的新進作家佐藤提出稿約。酬勞據說相當豐厚，只是佐藤並沒有寫出同等價値的東西，後來也就不了了之。至於佐藤何以將小說的敘事者設定為新聞記者？島田謂：「可能是因為其與從事自由業創作者相近而加以利用的緣故」。

而佐藤以非正式的客員身分現身臺南新報社時，曾與任職於該社漢文部的本島漢詩人楊宜綠（一八七七－一九三四）有過短暫交遊。這位漢詩人的兒子，便是日後在臺南創立推動超現實主義詩風的「風車詩社」的楊熾昌。那一年，楊熾昌才十三歲。儘管年紀還小，但佐藤來臺的事，少年楊熾昌是有印象的：「常到報社訪父走動，每每看到一位身材瘦削，戴著眼鏡的二十餘歲人士在編輯部裡逛來逛去，問過三屋主任之後才知道就是著名的作家佐藤春夫」。佐藤在臺南的日子，少年楊熾昌也充當小嚮導，陪著他到赤嵌樓、媽祖宮玩。儘管此時楊熾昌仍未識文學，但佐藤的身影，也許已在他的心中埋下了小小的種子、或日後閱讀的線索了吧。六年後（一九二六），佐藤的〈女誡扇綺譚〉以單行本形式出版時，楊熾昌已是十九歲的青年了。一九二八年秋天，他讀了這篇小說，並嘗試探訪小說中作爲原型的那棟廢屋。「但見破損不堪，門窗付之闕如，二樓房間內那位女孩陳屍的黑檀木床也不見了，目力所及，無一不是塵埃與蛛網，壁虎四處遊走，可是該屋凸凹形狀的槍架，外牆上的槍眼仍然存在」。夕陽西下，精神恍惚之際，他忽然聽到奇怪的聲音，驚見一隻手掌大的深紅色蝴蝶陷於蛛網。他立即想到了小說中幽靈化身的黑檀木床上的紅色蛾蟲，並感到全身毛骨悚然，心裡不舒服了好一陣子。

一九三〇年，楊熾昌留學東京，接觸了春山行夫以主知論爲中心的詩學觀念及西脇順三郎（一八九四—一九八二）的超現實（超自然）主義詩論，並在返臺後於臺南創立「風車詩社」，推動臺灣版的「新精神」（esprit nouveau）運動；該運動雖以「主知」爲核心概念，但楊熾昌文學的底色，仍明顯可見佐藤春夫式的耽美與抒情。楊熾昌在回憶曾謂，年輕時在東京「與其銀座寧取淺草」；而在臺灣，「從藝旦到娼婦之街、貧民窟等，常爲齷齪的美所引誘而繞圈子」。對於頹廢美、荒廢美的追求，楊熾昌是頗有自覺的：「我過去的作品差不多都是醜惡的美。一部分批評家把我當作追求『頹廢美』的作家評論我，我想那是無所謂的」。他的小說〈貿易風〉（一九三四）、〈薔薇

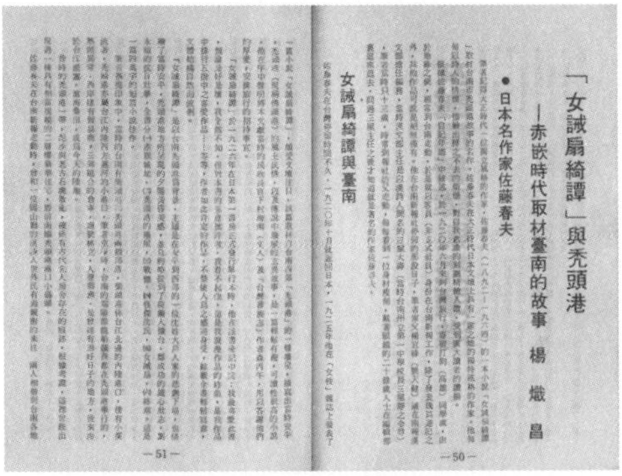
「女誡扇綺譚」與禿頭港
—赤嵌時代取材臺南的故事　楊熾昌
●日本名作家佐藤春夫
女誡扇綺譚與臺南
—50—
—51—

以「風車詩社」著稱的作家楊熾昌，其父親楊宜綠任職於《臺南新報》，因此見過印象中戴眼鏡、瘦削的佐藤春夫。楊熾昌在 1980 年代以回憶方式推崇佐藤春夫的臺灣作品。

的皮膚〉（一九三七）以及詩〈毀壞的城市——Tainan Qui Dort〉（一九三六）等，都是這樣的作品。除荒廢美之外，楊熾昌的詩論及作品，也顯現出濃厚的南方色彩。他曾謂：「我們居住的臺灣尤其得天獨厚於這種詩的思考。我們產生的文學是香蕉的色彩、水牛的音樂，也是蕃女的戀歌。……臺灣是文學的溫床」。當然，這也可以說是一種「自我異國情調化」的展現，或是借用帝國的凝視作爲自我的展演。但這樣藉由他者的視線，而將熟悉的日常陌生化、異質化，某種程度而言也是故鄉的再發現。何況楊熾昌的創作，並不是只在乎異國情調的追求。他筆下的題材，事實上也充滿了對殖民地現實與封建傳統的批判，這一點和其他臺灣新文學作家並無二致；只是，楊熾昌想告訴他們：從事文學不是只有寫實主義一種表現法而已。

因小說而回望現實的灣生

與楊熾昌同樣讀了〈女誡扇綺譚〉而跑到廢屋探險的瘋狂粉絲，還有新垣宏一。新垣一九一三年出生於高雄，是所謂的「灣生」。他在自傳《華麗島歲月》（二〇〇二）提到，小時候常與朋友玩耍探險的森林附近，有一間「東齒科醫院」。而這間醫院的醫師東熙市（一八八三—一九四五），正是當年勸誘佐藤春夫來臺旅行散心的關鍵人物。也因此，一九二〇年佐藤來臺之際，便是以他

在臺日人（灣生）新垣宏一的臺灣生活回憶錄，描述他在高雄出生、至臺北就學，後任職於臺南、臺北，都致力於當地的風土民情踏查。

所在的高雄爲據點四處探訪，留下了許多作品。「而當時年幼的我們不知此事，只是成天在追趕著猴子與羌仔」。

新垣儘管野性愛玩，但畢竟早熟。一九二二年，他的作文首次入選兒童雜誌，大大受到激勵，此後便逐漸長成一位文學青年。一九三一年，新垣入臺北高校文科甲類，認識黃得時（一九〇九—一九九九）、濱田隼雄（一九〇九—一九七三），以及讀了佐藤作品渡海就讀臺北高校的中村地平。三年後，新垣入臺北帝大文政學部文學科，選修島田謹二開設的文學概論、法文課，並經常到島田家打擾，同食同宿，十分親近。也許是因爲在言談間聽聞島田對佐藤〈女誡扇綺譚〉的高評價吧，一九三七年，當新垣自臺北帝大畢業、來到臺南的第二高等女學校任職，腦中已預先疊覆了〈女誡扇綺譚〉的情境：

> 我愛徘徊於臺南古街道而尋求什麼東西，實始於邂逅佐藤春夫的《女誡扇綺譚》之後。這部作品是取材於臺南的虛構故事，但總覺得臺南的老巷中真有這種夢幻般的綺談。於是請幾位女學生當翻譯，陪我探訪老巷與廢屋。

醉心於佐藤春夫作品的新垣，於是在臺南展開田野調查。一九三八到四〇年間，他陸續發表了〈臺灣文學艸錄　佐藤春夫兩三事〉、〈禿頭港記〉、〈女誡扇綺譚與臺南之町〉、〈《女誡扇綺譚》——斷想一二〉等數篇調查報告，內容包括佐藤來臺旅行的始末與日程、相關人物（東熙市、森丑之助）、小說中的人物原型（世外民）及舞臺場景（禿頭港、銃樓之家）、風俗傳說。這樣著迷於文學、而對其相關的外部資料進行細密的研究調查，是連其恩師島田謹二也自嘆弗如的吧（島田的做法較傾向於文學的內部研究及文學史、美學系譜比較）。新垣的狂熱程度，也許可說是佐藤在臺灣的第一鐵粉。除了田調隨筆，新垣的詩〈廢港〉（一九三九）呈現的滄海桑田感、〈聖歌〉（一九四〇）中在大宅二樓望著夕陽的天空養病的悲傷的女子，也明顯可見〈女誡扇綺譚〉的影響痕跡。

佐藤春夫對在臺日人的啟發

新垣不只是佐藤春夫鐵粉，他可能也是臺灣的文學散步導覽的先驅。新垣就讀臺北帝大、師事島田謹二的期間，正好認識了甫自早稻田大學畢業的西川滿。西川聽從恩師吉江喬松（一八八〇—一九四〇）「爲建立地方主義文學奉獻一生吧」的建議返臺，爲了建立其在臺灣的文學事業，積極拜訪島田與矢野峰人（一八九三—一九八八）請求指導。新垣自認與老師親近，但西川對於與兩位老師關係的高調的宣示，似頗有獨佔老師之意，這讓新垣多少產生了忌妒、競爭之心。但新垣無疑是崇敬西川的，他甚至自稱「西川派」。作爲灣生的新垣回憶，當年讀了西川的《媽祖祭》（一九三五）後，「深深感到雖然是同樣臺灣生長的人，可是西川滿才是眞正生根於臺灣的人。比起他的詩中所使用的臺灣語文之豐富美麗，我的虛空的宗教體驗，基督教詩語的集成詩，是何等的無力啊」。也許正是因爲受到西川「把臺北變成詩的風土」的刺激，出身南臺灣的新垣，才會如此積極地將原來頗有白秋〈邪宗門〉之情調、朝向「南蠻＝西洋」的異國情調視線，轉向自己生長的南臺灣風土，並透過田野調查認識自己所在的臺南，重新確認自己生於南方的灣生身分。新垣儘管忌妒西川，但並不吝嗇。他籌畫了一次〈女誡扇綺譚〉臺南文學散步，邀請西川以及恩師島田前往，同行者據說還有灣生畫家立石鐵臣（一九〇五—一九八〇）。——當然啦，若是權謀一點來思考，也可以解釋爲新垣將他們帶到自己的主場，進行火力展示：

> 我也曾嚮導西川滿探訪古都，烙下他的臺灣趣味。
>
> 那時在臺北的西川滿剛由詩作轉入寫小說的階段，我爲了讓他看看臺南的風物，並爲廣泛宣傳《文藝臺灣》的存在，便勸他來臺南一遊。於是，西川滿、島田謹二先生、立石鐵臣等人應我的邀請來到臺南。……記得那是昭和十四年

（一九三九）一月之事。西川滿的《雲林記》、《赤嵌記》等傑作就是這時取材的。島田先生也因爲看了安平，才把它寫入《華麗島文學志》的一部分吧。

就算是權謀思考，新垣策畫的臺南文學散步，畢竟成功引發了西川對臺南的興趣，也讓島田對佐藤筆下描寫的安平廢港更有實感。臺南之行結束後的一九三九年九月，島田發表了宏文〈佐藤春夫的〈女誡扇綺譚〉〉，這也是將〈女誡扇綺譚〉經典化的最重要的一篇文章。島田認爲，〈女誡扇綺譚〉在日本的外地文學史中有兩項獨到之處，足以登上王座而無愧。其一是美感領域的開拓，亦即南方支那異國情調：「其素材不論是盛夏熱帶的大自然，或是支那的傳統文化，都在日本傳統的美感（風雅）範圍之外。有時灼熱，有時荒廢，有時瑰麗，有時縹緲。他使用這些日本人的審美經驗中不甚熟悉的美感，大大的擴充了我們的詩境，開墾了我們的感性的處女地」。而同樣重要的是，〈女誡扇綺譚〉是罕有的處理本島人的生活與性格的內地人作品。島田說：「眞正的外地文學的主流，應該將臺灣人的行爲或性格等民族特徵層層發展，而《女誡扇綺譚》明顯的也並未做到這一點。儘管如此，本作品的確已經有意識地書寫了臺灣人的民族特性」。在臺日人爲了描寫臺灣而產生對寫實主義及土著化的欲求，這一點，是向來理解島田的外地文學論、及外地文學論脈絡下的〈女誡扇綺譚〉

較常忽略的。

從女誡扇到鄭氏王朝的歷史

由於島田的高度評價，〈女誡扇綺譚〉一舉成爲在臺日人作家必須仰望的經典，卻也給年輕作家造成一種「影響的焦慮」（anxiety of influence），成爲他們在確立自我書寫位置與風格時首要的挑戰對象。受新垣之邀遊臺南的西川滿，即是意識著佐藤〈女誡扇綺譚〉完成他的小說代表作〈赤嵌記〉（一九四〇）的。〈赤嵌記〉描寫第一人稱的日本人敘事者「我」趁到臺南演講之便登赤嵌樓遊歷，遇上一名陳姓臺籍青年前來攀談，慫恿其執筆關於赤嵌樓的故事，撥撩起「我」對鄭成功之孫鄭克𡒉、克塽政爭的好奇。「我」返回臺北後，收到陳姓青年寄來陳迂谷的《偷閑集》，並進一步閱讀江日昇的《臺灣外記》，乃了解正史之外作爲政爭敗者的鄭克𡒉、陳永華事蹟。「我」再赴臺南取材，豈知循包裹上陳姓青年地址卻來到陳永華憂憤而死的陳氏家廟，方知是被奪走王位、含冤而死的克𡒉文正夫婦以精靈的超自然方式將「我」引誘至此，希望他將這段歷史故事寫出來。西川的〈赤嵌記〉與〈女誡扇綺譚〉在部分設定上相當類似：二者同樣以臺南爲舞臺，且主人公也是第一人稱日本人敘事者與熟知歷史掌故的臺籍青年的組合（我、陳姓青年／我、世外民），並在超自然力

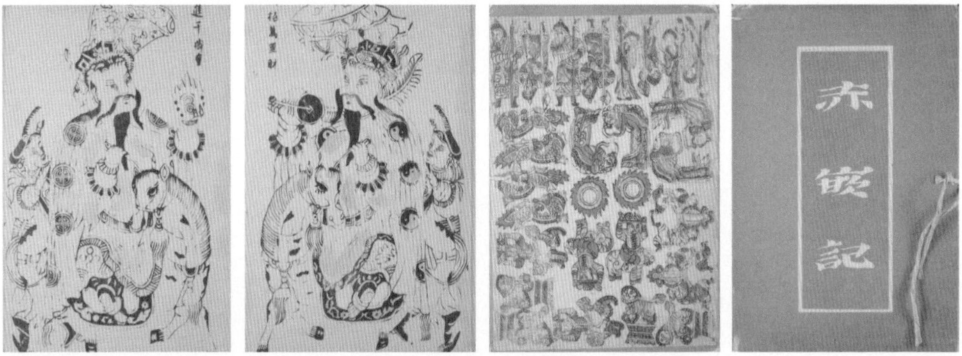

《赤崁記》限定版。西川滿製作限定 75 本中的第 17 號。主角在赤崁樓遇見謎樣青年，隨其引導而對鄭氏三代歷史產生興趣，也是在臺南尋訪臺灣歷史的故事。

量的引導下，逐步揭開古都／廢港塵封的歷史。但不同的是，相對於〈女誡扇綺譚〉的「我」對於鬼故事、民間傳說的不信任、冷漠，而欲以近代的理性之眼破解；〈赤嵌記〉的主人公則是愈發陷入陳姓青年——或者說，含冤而死的克壥夫婦——的布局之中，並在陳氏家廟的牌位中發現自己的名字「滿」字。這樣的神秘連結，讓敘事者產生一種「爲敗者的歷史代言」的責任；同時，若將之與作者西川滿自身作爲在戊辰戰爭（一八六八－一八六九）擁立北白川宮能久親王、卻敗於明治天皇的東北會津藩的「敗者之後」的史實對讀，這毋寧也可以解釋爲一種來自東北歷代祖先的召喚。西川將身上也流有日本人血液的鄭克壥企圖攻打呂宋島的野心，與一九四〇年代日本帝國的南進政策疊合，固然是透過對臺灣歷史反客爲主的接枝挪用，來翼贊國策；卻同時也是作爲「敗者之後」、且意圖永住臺灣的在臺日人的西川滿，在明治「正史」之外的家族／國族史建構，希望能以臺灣爲據點，望向更廣闊的南方，實現會津藩一度失落的「建國之夢」。從〈女誡扇綺譚〉與〈赤嵌記〉間的類同及影響關係來看，西川的〈赤嵌記〉的部分設定雖脫胎自佐藤〈女誡扇綺譚〉，但無論其主題、敘事、情調、或與臺灣歷史的連結方式，在在都與僅短暫停留、作爲「旅人」的佐藤大異其趣了。

一九二〇年七月六日，佐藤春夫自基隆上岸，首次抵達臺灣。十月十五日，他再度登上備後丸的長梯，待汽笛一響，就要循原路離開，留彩帶在海風中飛舞。三個多月的見聞取材並不算久，但已足夠他留下一些風格獨具的作品，在臺灣圈粉，造成刺激，並逐漸發酵。十月十九日，經過四天三夜航行的佐藤終於抵達神戶港，返回小田原，此後再也不曾踏上臺灣。但他離開之後的臺灣文學——無論是在臺日人的日本語文學、或本島人正要起步的臺灣新文學運動，兀自生長、交錯、纏繞，且混合了一點佐藤風的氣味，開展成一片美麗獨特的新風景。

小專欄

女誡扇與失戀

在佐藤春夫的〈女誡扇綺譚〉中，最重要的器物，當屬「女誡扇」。好奇的你一定想問：這到底是一把怎樣的扇子呢？

這把「扇骨四五根展開著」的「女用扇子」，「主扇骨是象牙做的，上面薄雕著水仙的模樣。花和蕾的部分則是透雕。」、「正面幾乎整面描繪著紅白相間的蓮花。背面的象牙扇骨透紙可見。」眞是細緻華美，不愧是成爲小說題目的文物。但這卻不是成爲古代小說中拾扇定終身的信物，而是掉在荒涼詭異的豪宅廢墟裡，引發主角探奇解謎興趣的物品。

原本摺扇在十五世紀末從日本傳入中國，十六世紀後被引進歐洲，十七、十八世紀，中國摺扇在歐洲的使用達到高峰，並發展出利用摺扇來表達不便以言說的「隱語」，特別是當男性向女性表達愛意時，女性可藉由摺扇隱語來表達許多意思。

相較之下，清初以前的中國女性卻很少使用摺扇，因爲在中國，摺扇原本就是飄逸瀟脫的文士所有，持扇者多爲男性。但在小說中，摺扇卻是女性所持有，且作爲男女情意的信物。顯示佐藤春夫是綜合了東西方文化，而創造出這把「女誡扇」。

女誡扇上，扇面與扇骨所引的文章來源也不同。扇面上引的是周敦頤的〈愛蓮說〉，並只擷取「不蔓不枝」作爲畫贊。一般而言，文人騷客若要從〈愛蓮說〉中擷取文句，很少單挑此句作爲蓮的整體象徵，所以就連主角的同伴、漢學造詣深厚的世外民初看時都覺得不解。

而扇骨上，則刻寫了《女誡・專心第五》：

《禮》，夫有再娶之義，婦無二適之文，故曰夫者天也。天固不可逃，夫固不可離也。……

出於班昭（曹大家）所寫的《女

誡》，其將男尊女卑、與夫爲綱、三從四德等對婦女的要求系統化，是中國傳統女教之祖。專心是第五篇，此篇說明有夫之婦如何遵守婦德，爲了達到專一侍奉丈夫，平常生活所應有的服儀、行爲規範。

佐藤春夫巧妙地把同樣講專一的「不蔓不枝」扣連，將原本〈愛蓮說〉中，把蓮比喻成有德者的傳統，滑移成告誡女子需專一的婦德。

巧合的是，第五篇專心中，開頭的「夫有再娶之義，婦無二適之文」，說明當女子面對婚姻中的再嫁再娶問題時，該怎麼處理。或許也幽微地顯示出，佐藤春夫這時候的煩惱：如何面對婚姻契約之外的非法情愛慾望。

〈女誡扇綺譚〉的主角撿走了一對無緣情侶的信物，同時破壞了他們隱密不被接受的愛情，後來他只得黯然離開臺灣。這其實也是佐藤春夫尋求從情傷解脫的寓言。〈女誡扇綺譚〉的主角在臺南的所見所聞，能勾起其興趣的，都不是歷史，而是與愛情有關，甚至是某種破壞倫常的戀愛關係，例如拿著象徵婦德的扇子的婢女，在黑檀床上爲情人搧風，即便女誡就握持在手，在情人面前也僅化作一陣風流，在無人之地悄悄萌生，終究飄揚遠去。

第五章　旅行的結晶

文豪在百年前的一趟臺灣旅行，結晶為眾多精彩作品。其中最具標誌性者，則非發表於一九二五年的〈女誡扇綺譚〉莫屬。荒廢市街與沒落大宅。沉滯的熱帶氣息與曾經翻騰洶湧的歷史。淒美悲戀以及聞其聲不見其形的女鬼幽魂。在殖民與被殖民之間，在奇幻怪談與偵探推理之間。而謎題解開之後，惆悵的餘韻卻依舊繚繞……

這篇精彩的小說歷來已有許多翻譯版本。近年依舊可見的中文翻譯版本有：邱若山翻譯版，收錄於《殖民地之旅》（前衛出版，二〇一六年十一月）；詹慕如翻譯版，收錄於《帝國旅人佐藤春夫行腳台灣》（紅通通文化，二〇一六年十一月）；邱香凝翻譯版，收錄於《文豪怪談》（獨步文化，二〇一九年五月），三位皆是專業且資深譯者，讀起來各有風格，足見其詮釋。

經典文本總是在新的詮釋中重生。若同樣身為作家，又會如何詮釋〈女誡扇綺譚〉？此次特邀作家賴香吟再次新譯，看百年後的作家如何回望過往，也看百年前的作家如何以作品抗衡時光淘洗。正是在這樣的激盪中，荒蕪的市街景象有了生氣，消逝的歷史被賦予靈魂，百年來蜿蜒的臺灣文學歷史，也就此相連……

小說
女誡扇綺譚
佐藤春夫著
第一書房刊行

下村海南先生
森丙午先生
佐藤春夫識

臺灣臺南城外二重橋附近 OSA.

佛頭港（舊名禿頭港）約 1910 年。小說中的廢屋位在「禿頭港」的深處。直到 1910 年代，禿頭港（即佛頭港，照片左方）都還能舉行端午節的龍舟競賽，後來則漸漸因泥沙淤積而不堪使用。現今景福祠前的巷子就是港口舊址。

新譯　女誡扇綺譚

◎佐藤春夫—著　賴香吟—譯

一、赤嵌城址

khut-thau-kang——若寫成漢字是禿頭港。※所謂全部禿頭這俗話挺有趣，有著事情碰壁的意思，因而禿頭港似乎曾是安平港最裡邊的港口。它位處臺南西端外邊，與安平廢港接鄰，光聽名稱說明或許覺得有道理，但只要實際見過此地的人，應會對這樣的地方何以稱爲港而感到詫異。那是既低且濕、蘆草蔓生的淤泥周邊類似貧民窟的地方，離海也尚有一里距離。泥沼堆滿垃圾，臭味經暑氣蒸騰愈發刺鼻難聞，如此惡感的角落，有當地臺灣人窄陋的屋子，毫無章法地挨擠著。就算對當地街落來說，這兒亦是毫無用處的邊角。那一天，我是隨著友人世外民的建議，去參觀安平港的荒廢市街，回程依著世外民帶著參考的〈臺灣府古圖〉⊟，不經意來到了這個地方。

＊

人們常說荒廢之美，我也略有幾分概念，但尚未對此有過深切體會。直到去了安平，我才終於有些明白。那地方雖然不算非常古老，但有多樣的歷史。

※ 禿頭港，即今日佛頭港，位於臺南市中西區五條港一帶。

⊟〈臺灣府古圖〉為清康熙年間巡台御史黃叔璥所繪，收於伊能嘉矩著《臺灣志》之附錄。

島上重要歷史，比如荷蘭人的雄圖，鄭成功的壯志，時間較近還有劉永福的野心及其結局，皆與這一港市有關。我無意在此談論那些，喜好歷史又爲詩人的世外民或能說上一說，但我是沒辦法的。安平的荒廢之美打動我，也未必是因爲那些歷史知識的緣故。因此，不管來者是誰，一無所知也無所謂，只要有機會去到那兒，親眼得見那些衰頹的街景，有心人自會感受到其中的淒美。

從臺南出發約莫四十分鐘，是趟得把自己當作土石任由台車搬運的路程。坦蕩蕩的直路兩側說是安平魚△的養殖場，但看起來不像水田也不像沼地。這片由海淤積而成——更適切說，是仍在繼續淤積的地區，從古地圖看，原本應是淺灘。這是本以繪圖介紹名勝的地圖集，裡頭水牛拖車、輪子大半泡在水裡的圖景，應該就是附近。雖然現在看似水田但確實已經成爲陸地。台車就這樣沿著單調毫無變化的軌道前進，雖是四季常綠、草香芬芳的熱帶，卻有荒野般的印象，或許因此之故，回想起來，有一種草木遍枯的感覺。這是安平情調的序曲。

下了台車，往以前荷蘭人建的 TE CASTLE ZEELANDIA，當地人稱爲赤嵌城☆的方向走去，路上見到的房屋全都荒廢而無人居住。那是不很久之前外國人所經營的製糖公司的員工宿舍，隨著公司解散成了空屋。每棟皆是上等磚材建

△ 安平魚，即虱目魚的俗名。

☆ 此處的「赤嵌城」（佐藤春夫原文如此）其實指的是今之安平古堡，而非赤嵌樓。當時的旅遊書普遍稱安平古堡為赤嵌城，佐藤春夫遊臺所參考之《臺灣名勝舊蹟誌》也是如此；但今之安平古堡與赤嵌樓兩者所在地不同，故需特別註明。另，前所引之英文「TE CASTEL ZEELANDIA」出自《臺灣名勝舊蹟誌》，佐藤春夫原文誤寫為「CASTLE」。

成、頗爲氣派的西式館舍，庭前留有花園殘跡，但砂質土壤就連雜草也不怎麼長。成排空屋的窗玻璃，約莫因孩子們惡作劇丟石頭，沒有一片不被砸破，屋簷下已有麻雀築巢，數量驚人，黑壓壓成群，聒噪不停。

我們試著走進其中一間。除了散落滿地、閃閃發光的玻璃碎片以及滿是灰塵的壞損窗框，屋內別無他物。不過，二樓傳來說話聲，上去一看，陽台上有個衣衫像似乞丐的老人，正補著破破爛爛簡直讓人懷疑能否再用的漁網，身邊大概是他的孫子，五、六歲男孩不停喃喃自語，手裡耙弄地上灰塵似乎玩得起勁，但被我們腳步聲驚醒，抬頭望著闖入者，老漁夫也害怕地看著我們。他們應是附近的人，到這廢屋二樓來避暑吧。無論如何，由這等氣派的廢屋所排比而成的市街，對我來說，實在是未曾想像過的景象。（兩、三年後，臺灣行政制度改變，臺南官廳急需擴編人數，曾考慮將這些安平廢屋暫時挪作官舍，此計甚好。）

登上赤嵌城。此地只剩虛名，雖說有些混凝土製成的古地基遺跡，但連世外民也不知如何分辨。城址所在的小山丘，現已併入稅關俱樂部※，我的朋友世外民在那兒把帶來的古地圖展開，爲我指出所謂安平港外七鯤鯓的遺跡，又詳細解說古書裡評爲鬼斧神工的赤嵌城建築，可惜我現在全忘了。我唯一感到驚

※ 稅關俱樂部，最初是建於 1882 年的安平稅務公司，於日治時期改為稅關俱樂部（1897 年）、臺南史料館（1930 年）。戰後又屢經改建、更改用途，目前是熱蘭遮城博物館。

訝的是以前稱爲安平內港的地方，如今竟然全部淤積了——把事情說成這樣是太簡單，但當時，我確實年輕得對歷史這種東西毫無興趣，若沒有世外民的影響，大約不會興起念頭到安平這種莫名其妙的地方來。那種程度的我，聽著年紀與境遇相彷的世外民詠嘆講述過去種種，頂多只是想有支那人㊀血統的詩人，畢竟還是有些不同。要我這性情，再怎麼說是荷蘭人宏偉建設的遺址，還是找不出什麼東西足以讓我發思古之幽情，這實在也沒辦法，不過，從那山丘眺望，倒是使人心生感觸。單以景色來說，我想那般荒涼的自然並不多見。倘若我能有愛倫坡的文筆，把眼前景象描繪出來，說不定可以和他的《厄舍府的沒落》△開場一較高下呢。

呈現在我眼前是一片泥狀感覺的海。黃褐色、數不盡的碎浪層層翻湧而來，在日語的詞彙裡，雖有「十重」、「二十重」的說法，但似乎沒有足以描繪海浪層層翻湧的詞語。這浪一層一層遠至水平線，而後同樣一層一層朝我們所站的方向推湧回來。據說從前赤嵌城正下方就是海，現在海濱與山丘之間則還有兩、三町☆，是遠到聽不見浪聲的距離。安平外港的淤積即是到此程度，不過，那無限層層疊疊的濁浪，隨著溫熱海風以及長而又長的沙灘牽引，此刻彷彿正朝山丘腳下逼湧而來。浪面之混濁，就連熱帶近午的陽光都難以反射。這無光

㊀此處之「支那人」以及下文提到「支那式」等用語，雖以「支那」稱中國，在今日恐有爭議，但為了傳遞這篇小說的時代氛圍，故保留這種用詞。

△ 愛倫坡（Edgar Allan Poe，1809-1849），美國作家，以懸疑、驚悚小說而聞名。這裡提到的《厄舍府的沒落》（The Fall of the House of Usher）最初發表於 1839 年，是愛倫坡的代表作之一。

☆ 町，長度單位，亦作「丁」。一町約等於 109.1 公尺。換言之，此處的「兩、三町」約為 2、300 公尺。

的怪奇之海——或者該說水之荒原，正中，一葉舢舨，不知何由，不斷與那無邊無際疊浪作著搏鬥，急急要往外海去。

白花花的正午。呑沒所有光線的海。層層去至水平線的穗浪。使人聯想洪水的海色。飄飄晃晃的小船。激動不安的景色裡卻靜得沒有丁點聲響。偶有滯熱微風吹動彷若瘧疾患者的喘息。這一切，構成某種內在風景，有所象徵，給我一種惡夢般的恐怖情緒。這可不只是形容，事實上，見過這片景色之後，我在後來爛醉的日子裡，三番兩次惡夢見著與這兒極爲相似的無聊海邊而驚恐不已。——當我望著這片海面出神的時候，世外民可能也有和我同樣的感覺——這位多話的男子終於靜默下來。我垂下眼，不自覺嘆了口氣。這多少出於感慨，但主要還是因爲天氣太熱。實在沒料到，這兒的熱是連撐傘也抵擋不了的。

「嗚、嗚、嗚、嗚——」

忽然間，微微地，像是眼前景色集體哀鳴似地傳來聲響，一看，有艘小黑點似的蒸汽船，只見其煙囪與桅桿，遠遠地浮在水平線上。可能是沿岸航線的船隻。這一想，方才在波浪中顚頗的舢舨應該是接駁船，知道大船即將到來才那樣急忙吧。

「那艘汽船會停在哪裡？」

我問世外民，替我們帶路的台車搬運工代他回答——

「已經停了，剛才的汽笛聲就是到達的信號。」

「那邊嗎？——那麼遠嗎？」

「是的，從那裡就不能再進來了。」

我再看向海面確認，低聲自語——

「喔，這是港口嗎！」

「是啊！」世外民回應我。「是港口。以前，是臺灣第一大港！」

「以前……」我無意識地重複著。當我察覺自己有些感動但又想抗拒的時候，便不怎麼在乎地改口說：「以前嗎？」

下了山丘，是和來時不同的地方。看起來是較老的街區，整體顯得古舊。周邊支那式房屋應該是貧窮漁人的家，全不能和那些有陽台的兩層樓氣派空屋相比，小得可憐。此外，這一帶屬於以前稱爲鯤鯓的內海沙洲，地質不太一樣，地上不是沙，而是一種比沙還輕的褪了色的土，一走動腳跟便會帶起許多灰塵。不過，我在附近沒看到任何人影，這點倒是與來時相同。沿街家家戶戶未必是空屋，卻沒看到哪扇門有人進出，也沒傳出說話聲。我們在街上繞了一圈，除了先前那廢屋陽台上的老漁夫和小男孩，路上一個人也沒遇見。就算深夜的街也不至於這樣冷清無人，而且，陽光刺眼照耀著，使這股冷寂感覺特別地沉。我們默默走著，忽然從哪戶人家，排遣夏日無聊似地，傳出一種稱爲絃的胡琴聲。

「這比月下笛聲還更傷情。」

聽到琴聲的詩人世外民，對我這麼說。月下笛聲這種聯想，雖是世外民的老調傷感，但我是可以同意他這種感受。

我們再度搭上台車，沿著魚塭旁的土路回到臺南西郊，也就是我接下來要說的禿頭港。得把這一帶也走一圈，安平遊覽才算完整；當世外民這樣說的時候，早已過了用餐時間，但飢腸轆轆的我並未拒絕這個提議，可見半日遊下來，安平多多少少已引起我的興趣。

可是，下台車才走不到一町遠，我開始感覺來禿頭港是多此一舉。這只是個四處積水，髒汙雜亂的偏區，除此之外，看不出什麼特別之處。

二、禿頭港的廢屋

往左拐個彎，我們再度來到有淤泥的地方，這條街只有單側建屋，沿路有道石牆，牆後大榕樹枝幹往外長到路上來。又熱又累的我們在樹蔭下止步，脫掉外衣，點起菸來，重新打量周遭，才發現目前走的路，比先前經過的狹小貧民區要多幾分市町模樣。我們背靠的石牆雖舊，但應該有些家業，因爲如此氣派的石牆，在這附近並不多見。這一想，再環顧周遭，這片牆石材用得還眞多。雖然老舊不醒目，但這一帶之所以與先前去過的地方感覺很不相同，雖然髒亂卻奇怪地有種富裕感，想來應該是用了大量石材的緣故吧。

這條街——說是街，其實不足一町遠，我們站的這側，有五、六間圍有石牆的住家。另一側，也就是我們對面，還是那灘發散臭味的淤泥。黑土上漂著少量積水，淺處五、六隻豬在泥巴裡打滾嬉戲，深處水泥如油有家鴨成群浮游，帶出黏稠的波紋。要說這灘積水和一般有何不同，應是濠底乾涸之後的殘水。以大塊切石圍砌而成的這個泥池，寬約七八間※，長則差不多等同於街道，深度至少十尺⊟。濠塹對面靠水處矗立著很高的石牆。偌長的石牆中段已經圮壞，但也不是完全崩壞，而像那個部位本來就刻意不砌石頭。轉角處則明顯損壞，幾塊落下來的大石雜亂堆疊，淤泥裡露出幾個未被淹埋的邊角。看著這些大石、

※ 間，長度單位。一間約等於 1.82 公尺。換言之，此處的「七八間」約為 13、14 公尺左右。

⊟ 尺，換算成今日單位，一尺約等於 0.3 公尺。換言之，此處的「十尺」約為 3 公尺左右。

巨溝，有種彷彿看見小規模古城廢墟的感覺，不，說不定眞是古城呢——圮壞的石牆另一端，稍遠處，有一棵很大的龍眼樹葉色深濃、茂盛滿叢地迎向青空，樹影下，一棟灰白色的高層建築，雖然規模不大，但想必是座槍樓。圓形建築上方屋頂平坦，邊緣有等距凹凸的齒牆，下方有正方形的射擊窗。

「喂！」

我搖了搖世外民的肩，他正把古地圖再次攤開來看著。我指著剛才的發現——

「欸，那是什麼啊？」

說著，我踏開腳步，往那小槍樓的方向走去——這就發現宅院裡還有其他屋頂，由長度來判斷應該是個大宅。我想看看宅院，若從那石牆崩壞處肯定看得見。看到什麼都好，若沒讓我看點特殊的東西，來禿頭港這趟豈不無聊至極。

來到石牆斷壞的地方，果然，從此處看過去，不僅能看到宅院，而且還是正面。原來不是巧合而是刻意這樣建造，石牆中斷並非崩壞所致，而是本來就特地留下缺口。是作水門吧。因爲濠塹一路延伸到宅院內，崩壞石牆另端，也還有一個完整的長方形小濠溝，寬度足以並排停靠十艘舢舨船。濠溝正面尚有三級石階，以便下到近水處。——然而溝裡的水已經乾了，從濠溝底處到石階，高度至少在七尺以上——如果水量滿至石階，那麼，方才豬與鴨群嬉遊的那個又空又大的濠溝，想必全是水吧。話說回來，能在庭院內外造出這等規模濠塹的宅院，其外觀，從正面看，是三棟房舍構成一個凹字形，恰好與凸字形的濠塹相對而建。正屋寬約五間，左右雙翼的兩側偏房，其山形屋頂各約四間長。這些全爲兩層樓建築——支那住屋習慣把數間矮平房併排連蓋，以此原則觀之，這可稱得上非常大規模的住家了。我蹲下來歇歇腿，順便就地試畫這棟房屋構圖，再依目測距離計算建築物總坪數應在一百五十坪之上。我這人對非做不可的事老是拖拖拉拉，碰到沒用的小事反倒莫名其妙地熱衷，這癖性，那時尤其嚴重。

「你在做什麼？」

世外民的聲音，在我身後響起。不知爲何，我像個惡作劇被逮到的小孩似地感到難爲情，站起來把地上的圖線給踩掉：

「沒什麼……這屋子眞大。」

「是啊，果然是廢屋呢。」

這不用他說，我也看得出來。沒什麼理由，任誰都看得出這兒荒廢已久。好多窗戶全都關著，若有沒關的那是因爲窗框已經腐朽沒用了。

「這屋子眞是太奢華了。你看二樓的亞字欄杆，作工眞是精細。再看這牆壁，這屋子不單只用紅磚，還塗了美麗顏色裝飾。這整面塗的是淺紅色，周圍還有清楚的天藍色細框呢。雖然褪色泛白了，但反而更夢幻，不是嗎？走馬樓屋簷下雨淋不到的地方，還留有一些原來的顏色。」

在我計算坪數的同時，世外民也自行觀察了這棟房屋。我依他提示，再把屋子仔細觀察一番。果眞，二樓的走馬樓——也就是陽台內壁，顏色雖淡但鮮明豐潤，留有時代風情。事實上，愈是細看這間廢屋，愈感覺各角落都洋溢著極致奢華。以地基來說，支那人住的泥地屋，地基通常很低，頂多只比地面高一步左右。相較而言，眼前這棟廢屋的地基卻高達三尺，而且是以尺寸整齊的石材堆砌而成。再仔細看，剛才水門盡頭近水處的三級石階，其後方屋舍地基也很高，同樣有兩三級石階。房屋正面寬約二間的石階兩側，立有兩根圓柱，給二樓走馬樓作著支撐。這圓柱……雖然離得有點遠，無法看清楚，但比外面普通的柱子壯麗許多。柱子上端似乎有著繁複雕刻，柱子基底地面也有以石頭雕成類似大水盤的東西，左右對稱並置。——這些物件使房屋正面顯得堂皇大氣，吸引了我的注意力。我想，莫非那兒就是房屋的玄關入口？

於是，我對世外民提出自己的疑惑：

「你覺得，這兒是屋子的正面——玄關嗎？」

「應該是吧。」

「玄關面向濠溝？」

「濠溝？是面向港口吧。」

世外民「港口」一語點醒了我，從而口中也唸起禿頭港來。說是來看禿頭港，竟不知不覺忘了這裡曾是港口。一來眼前這棟奇妙廢屋讓我看得入迷，再者附近變遷以至無從辨識何處曾經是海、是港。就這點來說，世外民與我不同。他是與這港口共興亡的種族，之於這塊土地，他並不像我是局外人，就算撇開這點不談，從剛才就一直攤開古地圖看得投入的他，腦海裡應已勾勒出這附近的昔日樣貌。對我而言，「港口」一詞有種靈性，使我感覺本來死寂的廢屋終於有了靈魂，而不只是淤泥濠溝。在以前，這個廢棄溝渠，晨昏漲潮會有海水滿滿地淹上石階來，走馬樓面向波光粼粼的港而敞開。這是間把大海當作玄關的屋子吧？——如此觀之，即使不知這戶人家事業為何，但這房屋不就是安平繁盛時期的絕佳風貌？我只見房屋之大與古與美，至今全未察覺它的意義。

光是這個至今全未察覺，就一股腦兒激起了我的興趣與好奇。

「進去看看吧？——應該沒人住吧？」我興致勃勃地說，不過，隔著濠塹，又被石牆高高圍繞的這片屋地，要從哪兒進去呢？毫無頭緒。若是路邊的廢屋，眞想像剛才在安平那樣直接闖進去看看。日後回想起來，正是因爲沒法立即找到入口，才是這棟廢屋得以在情趣以及現實兩方面，以那般陰森、自成天地的模樣保存下來的關鍵原因。

世外民想必也有進屋去看看的念頭。他東張西望，打量周遭，發現在我們靠背的石牆裡側，房屋陰影下，有位臺灣老婦人正坐在小木椅上，搖著棕櫚葉作成的團扇搧涼。他馬上走過去和她攀談。兩人邊說邊指對面廢屋，光看模樣也知道談些什麼。

世外民很快回到我這兒來。「搞懂了，走那條路。」他邊說邊指著濠塹旁的路。「她說那邊有後門，路有點複雜，但走過去就知道了——果然是廢屋，說很久沒人住了，本來是臺灣南部首富沈家的宅子，難怪這麼氣派。」

說著，我們開始找後門。但因世外民問得不夠仔細，我們有點走糊塗，進了窄屋間的巷路。想問路，卻四下無人。附近還算熱鬧，但因正值午後兩點，陽光熾熱，依當地風俗習慣，這時間大部分人都在午睡，因而不見人跡。我們無計可施，只能隨意亂走，估計大致就在附近，目標房屋又高聳可見，應該容易找到。只是，這房屋，從濠塹那一頭看過來，以為是獨棟高樓，走到背後，才知樓後還連著兩、三重矮屋頂。所謂五落大厝，大概就是如此吧，這一來，更加判定這是大家族宅院，同時也確定正面兩層樓建築就是主屋。相較他處，那棟有走馬樓的二樓以及有圓柱的玄關，是我們最想看的，因此，當我們一走進後門，立刻就從外邊繞過低矮建築，朝屋前走去。

圓柱果然是石造的。從遠方看過來上端的繁複花紋確實是雕刻，兩根柱子雕的都是蟠龍抱柱，一條上攀，一條下降。雨淋不到的凹處，朱紅金漆雖然略有泛黑，但還明顯可見。就比例而言，我覺得柱身圖紋太多，整體而言使柱子顯得低矮，此外，和房子其他部份相比感覺老氣而過份莊嚴。但我和世外民還是仔細觸摸兩根石柱，因為這間屋子，比起遠觀，要到這兒近看才能知其奢華，各種細節躍然眼前。倘若我有眞正的美術鑑賞力，或許會嘲笑這充其量不過是殖民地暴發戶的不入流品味，但風吹雨淋事物荒廢，反倒沖淡原本的矯飾與庸俗，難得殘留下來的部分也給人更多想像空間，再說，在發現各種可悲的不協調之前，光異國情調就足以讓人驚喜。更何況，我自知，要說美的鑑賞力，我只不過是不甘從俗而已。

以細長石頭交錯嵌成格狀的地板寬約四尺，上頭即是二樓走馬樓。我們想上去看看。

左右對開的玄關木門，一片已經毀壞外脫，我推開剩下那片門，朝屋內窺探——還在找通往二樓的樓梯，住慣支那房舍的世外民已略有判斷，快步朝大廳兩、三步邁了進去。

「╳╳╳、╳╳╳！」

就在此時，二樓傳來聲音。聲音雖低，但很清晰。原以爲屋內無人，又是我正準備進屋去的瞬間，聲響突如其來使我大吃一驚。因爲是不懂的語言，聽來彷若鳥鳴，倍感詭異。不過，感到意外可不只我一人，世外民也止住腳步，狐疑望向二樓。然後，像是應答，又似詢問般喊道：

「╳╳？」

「╳╳？」

——世外民的聲音，在大廳裡迴響。世外民與我面面相覷，等著二樓再度傳來聲音，不過，就此毫無聲響。世外民躡腳走到我身邊。

「二樓上頭說了什麼吧。」

「嗯。」

「有人住呢。」

我們低聲說了這幾句，然後踩著和來時不同的步伐——小心翼翼地、安靜地從後門走了出去。沉默好一陣子，出到屋外，我才說：

「那是女人的聲音吧。到底說了什麼？明明清楚聽見，卻不懂什麼意思。」

「當然，因爲那是泉州人的話。」

一般來說，這島上廣泛使用的是廈門話，我在這兒三年多少學了一些——雖然現在大多忘了，但泉州話，我就不可能懂了。

「那麼，她用泉州話說了什麼？」

「這，我也不是完全懂，好像是說『怎麼了？爲什麼不早點來呢……』之類的……」

「喔，這樣嗎？那你說了什麼？」

「沒什麼，因爲聽不懂，再問回去而已。」

我們都有點失神，亂糟糟帶著疲勞、困惑與飢餓，沿原路走回剛才濠塹邊的道路。不經意朝前看，在我們最初注意到廢屋的地方，有個老婦人站在那兒，和我們同樣隔著濠塹很稀奇似地望著廢屋出神。走近一看，是剛才那位給世外民指路去後門的老婦人。

「阿婆。」世外民走向前去，板著臉叫她：「妳怎麼亂講呢。」

「沒找到路嗎？」

「不是──但裡頭有人住呀。」

「有人？咦？怎樣的人？看見了嗎？」

這位老婦人，以我們沒料到的急切眼神，等著我們的回答。

「看是沒看見啦，正想進去時，聽見二樓有聲音招呼。」

「什麼聲音？是女人嗎？」

「是女人啊。」

「說泉州話？」

「對！妳怎麼知道？」

「哎呀！說了什麼？」

「不太懂，好像是『為什麼不早點來』？」

「真的嗎？真的嗎！你們真的聽到了？用泉州話說『為什麼不早點來』！？」

「是啊。」

臺灣老一輩人無分男女，都和歐洲人一樣，很有本事做出戲劇化的誇張表情。老婦人此刻正在展現這番本事，不單肢體語言，還情流露。她眼裡滿是恐懼，臉色因激動而發青。這突如其來的變化幾乎連我們都要感到不安。她沉默下來，可能在等待情緒平復，但依然直盯著我們看，最後，她說——

「趕緊去解煞。——你們、你們聽見鬼魂的聲音了！」

三、戰慄

阿婆好不容易重新說起，剛開始是自言自語的口氣……

「……聽這傳聞很久了，但要說眞正聽見，親耳聽見那聲音的人，這還是第一次遇到。年輕男人果然不能接近那棟房子。你問我後門在哪兒的時候，我本來想阻止你，但這說來話長，又怕你笑我老太婆胡說八道……再說，都過那麼久了，我也不相信眞有那種事……。但我還是擔心，可千萬別發生什麼不好的事才好，老實說，站這兒就是想看看你們的情況。——從以前就說那裡是鬼屋，這附近沒人想靠近——你看，那棵大龍眼樹果實滿串多漂亮，卻是誰也不敢去採……」

她指著對面可見的大樹，然後就看到了樹下那座槍樓——

「以前那戶人家，爲了防海賊來犯，望樓上頭每晚都有人持槍徹夜守衛，是這樣的有錢人呢。只要說到能和北方林家相比的南方沈家，是沒有人不知道的。其實也沒有很久，差不多六十年前的事。沈家是擁有五十艘大型戎克船，生意做到泉州、漳州、福州，最遠到廣東的富商，還兼做船東。『安平港的沈家？沈家的安平港？』人們這樣傳唱。——您也知道，那時安平還是繁盛的港口，其中若講到禿頭港，是連接安平與臺南街町，也是港內最好的停船碼頭。這兒熱鬧的程度就連臺南街上也找不到幾處。——沈家當時眞被視爲安平港的霸主，但沈家一沒落，安平港也像火忽然間熄滅了。沒有沈家的安平港，去了也沒用，據說很多船就這樣不來了。再加上海水愈變愈淺，一轉眼淤積成陸地。這樣突然的改變，簡直像極了沈家，現在老人家聚在一塊還常這麼說。……你說沈家嗎？那也是突然到不可思議，只是一個夏天，而且還是一夜之間，就突然沒落了。百萬富翁一覺醒來成了乞丐。就算做夢也不會變得這樣突然。雖然是別人的遭遇，但想想人生也眞是空虛——家父講到這事常會這樣說。畢竟沈家那時正在興旺的高點，大宅也是沒落前三、四年才蓋好的，工程浩大，連石頭、木材都特地從漳州或泉州運來，自家五十艘船爲這可是來來回回搬了兩趟。說起來都是爲了沈家那個倍受雙親寵愛的獨生女，聽說是爲了給她迎婿做準備才大興土木，還聽說是個大美人——雖然我看到的時候，她已經四十多歲，家道中落，人也變得有點怪，但看了是有點明白爲何人們會那麼說……」

「但爲什麼沈家會突然沒落呢？」世外民性急地抓住重點追問。

「不好意思，年紀大了，話說不清楚。」——聽她一路說下來，我其實覺得這位老婦是個氣質不俗的中層階級婦人。「遇上了可怕的海上颱風呀，聽說連陸上也倒了好多房子。應該是吧。——你看，連那個沈家水門的石牆邊角都被吹塌了。後來也沒能力修補，就原樣保留到現在。聽說沈家主人天一亮看見石牆——當時剛築好的新牆，崩了那麼大塊石頭，就滿面愁容。更糟的是，前一晚是個安靜月圓夜，沈家五十艘船全出海去了。沈家主人——大約五十歲的人，見石牆崩壞，就很擔心出海去的自家船。船隻下落遲遲不明，五天十天過去依然沒有船回來。只有些船員，大約出海時的十分之一人數，零零星星拖著病體歸來，各自說著船難經過。平安回來的船，一艘也沒有。不過，有人謠傳，其實有三、五艘船停在港內沒有遇上颱風，但因聽到友船遇難便起了惡念，謊稱自己的船遇難人也死了，把船連貨物一併竊佔遠走不歸，說得煞有介事。後來也有人說曾在廣東遇見傳聞已死的某某人，或有人在廈門見到一艘船名與船身顏色不同但和沈家『杜鵑號』很像的船。無論如何，五十艘滿載貨物的大船全沒有回來。這事會鬧到多大，不難想像吧。船身裡的貨物半數以上不是沈家的，貨主全上沈家來要求賠償，帶走不少財物。沈家才因蓋房子與女兒婚事花了不少錢，主人又生性海派，生意手筆大，手邊金銀錢財竟是意外的少。人心說來可怕，到這地步，能拿的全被拿光，該拿回來的卻一毛也拿不到。就連成親日都差不多看定的入贅女婿也來退婚。因爲人家想結親的是有錢沈家而不是窮沈家呀。……啊，那兒有樹蔭涼快，我們去那邊坐著說吧。」

老婦人發現前院唯一一棵榕樹下，陽光微微西斜有了稍寬樹蔭，她邊說邊踩著小腳蓮步走了過去。這位老婦人的家，方才沒怎麼注意，雖然不是非常豪華，也頗為體面，難怪能在昔日繁華街上留下來。

樹蔭下，老婦人繼續說了下去。看來她喜歡說話，也很能說。只是聲音小又說得快，對我而言是外語，不容易聽懂，也有不了解的詞。後來我重新請教了世外民，老婦人說的故事是這樣的：

在前述狀況下，沈家開始沒落，接著主人患病而撒手人寰，本因婚事告吹而傷心的女兒再加上這新的哀痛更是鬱鬱寡歡，終而精神失常。憐惜女兒的母親不久也因病死去了。不幸接二連三，簡直像編好的故事似的。

關於沈家，世間本來就有著各種傳聞。

＊

大約是四代之前，從泉州遷來臺灣中部葫蘆屯附近的人，雖然本來也略有資產，但能在一代之間成為大富豪，似乎是使了些很不尋常的手段。事情眞假不知，但有這樣的說法——例如，算準收割期前，趁夜把自家田地與周邊鄰田的界碑往外移到遠處。幾個男丁在夜晚搬動石碑並且重新放置，隔天再若無其事地派出眾多人手把別人田裡的農作一口氣全給收割。原來地主驚訝抗議，他們反而仗著石標爲證舉告對方。因爲長年以來他們與地方官吏勾結已深，官司自然不可能輸。靠著與貪官污吏狼狽爲奸，不出數年，臺灣中部廣大土地盡歸他們所有，當地官吏也得看他們臉色行事，其勢力簡直自成惡國。本來沈家是兄弟倆一起行事，但哥哥與鹿港官府人員起了爭吵，本想殺了官員卻反遭殺害。不過，也有謠言說是弟弟設下圈套謀殺親兄，可見兄弟之中弟弟尤爲惡劣，哥哥勉強稍好。就有一次，他們故技重施，準備把犁推入鄰田，即使眼看地主正走進田來，依然無恥地動手。地主是個七十歲左右的寡婦，因而全不被他們放在眼裡。不過，就在犁將入田的時刻，這位老女人忽然跑過來，以她小小的身子擋在犁前的土地：

「拜託，請幫幫忙，這塊地是我的命，是以前我丈夫和兒子流汗耕作的土地，也是現在我種點東西養活自己的土地。如果要奪走這塊土地，就先把我這條老命拿去罷！」

在沈家手下做事的雖然都是些惡棍，這時也不免停下了犁，沒有人再往前推。男丁們回去將這事向沈家哥哥報告，據說他苦笑回道「眞沒辦法」。弟弟當時不知此事，不過，二、三日後去巡田，騎在馬上環顧，發現田裡有個地方特別荒廢便責罵農工，這才知道是那個寡婦的田，並因此知道了這件事情。原來如此，臭老太婆就在那兒，他見狀策馬向前，對附近正在幹活的農工說：

「把犁給我推過來。」

知道主人脾氣的農工不敢拒絕，主人又說：

「這塊荒地，給我犁下去！不是說過嗎，我的土地附近如果有田沒整理，看了就討厭。」

老寡婦和先前一樣苦苦哀求。農工夾在主人命令以及拚死哀求之間不知如何是好，沈氏見狀，自己下了馬，走進田裡。

「老太婆，讓開。田，就是要耕作的。」

他邊說邊揚起鞭子，朝著拉大犁的水牛屁股。老婦抬頭望著沈氏，動也不動。

「眞想死嗎？好，你這年紀死也可以了。」

才說完，高舉的鞭子朝水牛屁股使勁抽了下去。水牛猛地往前，當然，老寡婦就這麼被輾過去了。

「好了，不要拖拖拉拉，趕緊接著做──為這種老傢伙放著這麼大片田不管，像話嗎？」

和平常差不多的說話口氣，男人邊說邊騎著馬回去了。是這般的人，難怪哥哥那樣死去時，人們會說是落入了弟弟的圈套，沒有自己下手可能只是顧念兄弟情分，種種傳言。無論如何，哥哥死後，弟弟掌管了一切。而後，家業愈發興旺，他也活到將近七十歲──似乎是行惡卻未遭惡報的生涯，去世前，他留下一份遺言，頗值得注意。

「從今算起三十年後，我沈氏家族必須賣掉所有田產，舉家遷至臺南安平，在那裡買船，與本國對岸做生意。」

才想詢問原因，人已陷入昏迷。不過，子孫還是遵循遺言，來到了安平禿頭港──遺言內容當然是沈氏家族日後對外提起才為人們所知，但那一夜颱風過後，沈家如遭颱風般厄運接二連三，世人回想沈家祖先遺言及其種種惡行，認為是因果報應，就連天上聖母也不庇佑沈家船隻。──有人認為是老寡婦的魂魄附身於臨終前的仇人身上，因而有那遺言來讓子孫遭受天譴；也有人說那次颱風正是老寡婦被犁碾殺後第幾十年的忌日；人們既同情沈家遭遇，但也謠言滿天飛。總之，一場厄災之後，家人接連死去，只留下年輕女兒一人，而且變得瘋瘋癲癲了。

無論祖先傳聞如何，還在世的弱女子總不能放著不管，附近鄰居因此常會送些吃的來給她。這情況持續很久，說來也是有錢人的餘蔭。因爲送食物來的人，好像有人會趁機把那屋裡的輕便裝飾，一個兩個地偷偷拿走。隨著屋裡東西減少，許多近鄰便不願意再去那裡——因爲不想被當在偷拿人家物品的人而戒愼不去了。相對，也有厚顏無恥的人，竟能理所當然把東西拿出來變賣。「這個給我吧。」精神失常的人遇上這種情況，往往給得極爲大方——「好啊，就當做賀禮，儘管拿。」如此，貴重物品也這樣被拿走了，愛挖苦的人們會說，這是那個家族在償還以前應繳的年貢呀。

就這樣，沈家女兒是精神失常了，但似乎還是時時刻刻等著人——應該是等著她的丈夫來，只要聽見腳步聲，便用泉州話喊著——

「怎麼了？爲什麼不早點來呢？」

——也就是和我們聽到的是同一句話。儘管年華漸老，但聲音還是青春甜美！——就像我們聽見的聲音那樣嗎？

聽見那聲音，人們總被其哀戚所打動，走進房內查看，她先凝望來者，然後低聲啜泣，怨嘆來的並非她等待的人。人們只好安慰她明天，明天那人就會來了，讓她再度生出希望。她總穿好一身美麗衣裳隨時等著人，當然，一定是等著渡海而來的夫婿。如此，她度過了二十餘年——

「我十七歲那年初次來到這個家，當時她還活著。」爲我們講述漫長故事的禿頭港老婦人如此說。她年近六十，那麼，應是四十年前嫁來此地。「我沒有近看過她，不過，天氣晴朗的日子，常聽大家說『小姐又出來囉』，跟著一看，她倚著走馬樓的欄杆，老望著遠方的海——常常一站就看上大半天，大概以爲能看到載著夫婿的船帆吧。或許因爲那兒可以望海，小姐只在二樓走動，其他房間一步也不去。人們小姐、小姐叫慣了，其實那時她已經四十左右。後來不知從哪一天起，再沒看見小姐身影，有人擔心會不會是生病了，進屋一看，據說躺在床上的小姐身體已經快要腐爛了。說是頭插金簪、一身新娘模樣打扮呢。——不可思議的是明明都這樣了，那人要上二樓的時候，還聽見小姐和生前一樣，以清亮的聲音說著平常那句話。對！就和你們聽見的一模一樣！所以那人根本不會想到小姐已死，一看簡直是嚇壞了。從那之後，就常有人說在那裡聽見那個聲音。——也有人說，與其說小姐是病死，不如說是餓死吧，因爲那屋子裡以前有的各種值錢東西，已經一件也不剩了。就連小姐的喪葬費，都是用屍體上那根金簪來抵的。」

四、怪傑沈氏

這奇異的一天，最後，我和世外民去了醉仙閣※——我們經常光顧的酒店。

如果我還是初進報社時那般積極熱心的記者，大概會認爲自己找到有趣的特稿題材，很快動念寫個「廢港羅曼史」之類的標題，再塞滿煽情多感的文字。可惜那時的我已經毫無在新聞上求進步的念頭，就連每天按時上班都辦不到，淨和酒鬼世外民喝酒過日子。我自知各位想必也從我的文章裡看出了各式各樣的雜亂，這應是我那陣子沈迷酒精，胡亂寫字的後果吧。

——總之，我們就在醉仙閣喝起來了。

世外民似乎打從心底認爲禿頭港那棟廢屋有鬼。說起來，這故事是有幾分

※醉仙閣，是當時實際存在的臺灣料理店，被稱為「臺南第一的本島人料理店」，原為另一間「醉仙樓」之分店，後改為醉仙閣。

支那風格。留在廢屋或廢墟裡的倩女幽魂，是支那文學中的一種模式。對這個民族來說，光這一點就很能引起同感。然而，對我來說，卻起不了作用。要說我對那個故事有什麼欣賞之處，是廣大的佈景與俗艷的色彩，若能把這些部分好好加以表現，或許連浮世繪畫師芳年※的狂想作都要相形失色。故事裡的人物具有強烈的大陸性格，情節美麗處有醜陋並存，野蠻之中帶著近代性。說是鬼故事，卻不發生於黑夜月光之中，而是光天化日之下，這點也很可取，總之，將這個故事當作鬼怪奇譚，是最沒有價值的。偏偏世外民等人卻似乎只對這方面有興趣。不，應該說他很害怕，他可能真的以為自己跟鬼魂對話了。

我嘲笑世外民淨想這些荒誕無稽——因為我對那件事已經有了一套解釋。我那時怎會馬上離開，而沒有走進廢屋一探聲音究竟呢？否則世外民現在就不至於這麼堅持。當時沒那麼做是世外民很不願意，我又飢腸轆轆，相信事情不用大費周章去看也能解開。但若我當場就想通也就罷了，這麼容易判斷的事，怎會經過一小時才終於弄懂呢？大概因為突然發生在我正要踏入屋內的瞬間，二樓傳來的又是外國話，以及隨後老婦人誇張驚恐的肢體動作，有點詭異的故事，說來也真懊惱，我一時半刻多少被這些嚇住了。當時似乎真的沒有餘裕作理性思考。——確實被當作廢屋的屋裡傳出人聲來，可以想見那一定是與屋子

※ 芳年，指月岡芳年。活躍於幕末至明治前期，畫風獨特，具衝擊性，以「無慘繪」（描繪各種故事中殺伐場面、常見血與死屍之浮世繪）聞名。

無關的外人在裡面，因這外人而顧慮著不進屋去，實在沒有道理。就像在安平，雖然聽到屋內有補網人的聲音，我們不也若無其事闖了進去。爲何這次我們卻猶豫了？「有人住呢。」因爲世外民這麼說。但世外民爲何那樣說呢？這就得考慮他當時的心情。原因之一應是聲音恰巧在我們踏進去的瞬間宛如責備般響起——雖然後來聽了故事才知道那句話的意思完全相反。再者，那棟廢屋比安平那間要氣派數十倍，就算已經荒廢，仍有一股不容侵犯的權威感。最後也是最重要的理由，只因那是女性青春玲瓏的聲音，以至於身爲年輕男人的世外民與我下意識感到奇妙而不知所措了。就這樣，也沒有對那個聲音多做思考，就在驚嚇中回來了。

「不管怎樣，剛才要是走進去看看就好了。眞是荒唐，誰聽到什麼鬼魂聲音啦？是活生生、心臟撲通撲通跳的年輕女人——而且很可能年輕又貌美喔——那裡就只是這麼回事而已——總得是活人才會說話吧……」

「可是，那女人爲什麼要對著我們講和以前傳說一模一樣的話，還用泉州話，而且就只有那一句？」世外民反駁。

「泉州話又不是鬼魂專用的語言。只要活著的泉州人，誰都會講泉州話吧。

哈哈。至於和鬼魂常說的話相同，那只是巧合，要說不可思議也是挺不可思議的。——但也只是這樣而已。你就是滿心認爲那句話是對著我們說，才會搞不懂鬼魂的實際身份。——那只是對別人說話，碰巧被我們聽見而已。不，應該是說她把我們錯認爲那個人，所以才說了話。因爲察覺自己認錯人，因而說一句就停住了。你喔，把這種沒什麼大不了又很普通的事情當鬼魂……」

「好吧，那從以前就聽過同一句話的人，又是怎麼回事？」

「我哪知道。」我說：「那又不是我親耳聽見的。——不過，大概是跟你一樣喜歡鬼魂的人聽見的吧。我呢，對與自己無關的過去的事，一概不知，但如果是今天聽到的聲音，那絕對是活生生年輕女人的聲音！世外民啊，你到底是太詩人氣了。潛心舊傳統無妨，但月光下事物朦朧，是美是醜不得而知，還是得到陽光下才能看清楚。」

「別打比方，你就明著說吧。」直性子的世外民可能有點生氣了。

「那我就直說了。已死的事物荒廢了，其中還殘存昔日的魂魄，這種審美觀，——是支那向來的看法，但要我說……你可別生氣——那是一種亡國感的趣味吧。已死的事物怎會一直都在？正是什麼都不存在了，才叫做死吧？」

「喂！」世外民拉高了嗓門。「已死的事物，這和荒廢是不同的吧？——已死的事物可能是不存在了，但荒廢是指逐漸變成不存在的事物之中，還留有活的精神，不是嗎？」

「原來如此，這點你說的沒錯。但不管怎麼說，荒廢和眞正活著還是不一樣，是吧？荒廢的解釋，算我說錯了，可是那裡頭不該總是死靈遊蕩，而是事物走向衰廢的陰影裡頭，有更具力量、活潑的生物正在利用其腐朽而生。是吧？拿腐木來說，上頭不也長滿了各種蕈菇嗎？我們與其困著詠嘆荒廢之美，不如讚美其中新生的事物吧——唉，講這些有的沒的，要是我骨子底眞能有這種人生觀，也不至於在遙遠的臺灣喝著如此潦倒不堪的酒。算了，我到底有沒有本事那樣過活，先放一邊去罷。」

「有道理。話說回來，那個禿頭港的幽魂——如果不是的話，那個活著的女人的聲音，和屋子又有什麼關係？」

「扯了一堆歪理，我要說的其實很簡單。你記得吧？我們聽到那聲音說『怎麼了？爲什麼不早點來呢？』這不管誰來聽都知道是等人的話。先不說那地方的傳聞，冷靜想想，年輕女人——活生生的女人喔，獨自待在那種人們不會注意到的地方，聽見腳步聲，就說了這樣一句話，這任誰都會起疑，她是在那裡等男人吧。這是很自然的推論。我們那時沒有馬上這麼想，反倒奇怪。那時，我聽到的若是日語，一定瞬間就這麼想。再說，那地方因為有怪異的傳聞，人們不想靠近，時段又是附近人家都在睡午覺的時間。戀人想避人耳目幽會，豈非大好時機？——我認為這對戀人相愛甚深，應該都住在離那裡不遠的地方，早就知道那棟房子各式各樣陰森森的傳說，向來迷信的臺灣人卻能不害怕地選擇這地方，可見兩人戀情正熱。還有，我想，那兩個人，應該從很久以前就習慣在那個時間那個地點幽會。若非如此，那樣討厭的地方，女人有膽量先來等還眞少見，男方這樣也不太合人情。——你聽到那聲音，一下子就判斷是住在屋裡的人，也不是沒有道理，因為他們把那兒認定為自己倆的空間，早已安心也習慣，因此，才會只聽到我們的腳步聲，就隨意出聲招呼了。——看來根本沒人靠近過那裡頭。所以，那屋子是女人獨自進去也沒什麼好怕、沒有鬼怪的地方啦。年輕美麗的女人——搞不好是像藝旦玉葉那樣的女人呢。不、不是年輕的女人——」

「聲音聽起來很年輕啊。」

「就算聲音年輕，實際上說不定是個厚臉皮的老女人喔。要不，就是年輕熱情的少女吧？——管他的，我也不知道。總而言之，今天這個聲音雖然沒法追究清楚，但沒什麼不可思議，就是個活生生的女人，選了那兒當做幽會的場所，還有，那地方只是有些傳說，沒什麼古怪的事，就這麼回事，明白得很，我一點都不懷疑——唉，剛才要是走進去看看就好了。」

「你又開始講道理了——是有幾分道理啦，不過呢，想讓我的神經安定下來，這可是一點用也沒有。」

「是嗎？這傷腦筋啦。」

世外民看法依然與我不同。我有些不愉快，但也只是一些而已。我這人有個壞毛病，酒愈喝愈愛講道理，老想說服對方，因而變得喋喋不休。自以爲腦筋清楚，其實只是酒鬼自以爲是，旁人聽了想必覺得好笑。我繼續說下去：

「沒辦法，隨你怎麼想囉。不過，今天這事作爲鬼怪奇譚實在沒什麼價值。就連禿頭港聽到的事，稱得上什麼因果複雜的故事嗎？——以那種觀點，頂多只有三版價值※。要說有趣，其實是粗俗故事裡意外表現出來的支那人的性格與生活……」

「你是指在夜裡把界碑往外移的事嗎？——這個呀，你要知道，只要是

※ 這裡的日文原文使用的是「三面特種」。在日文中，「三面記事」是指報紙在政治、經濟之外的社會新聞或社會版，而「特種（とくダネ）」則是指特別報導、獨家新聞。

臺灣的大地主，人人都被這麼說過。這才真正是全臺共通的傳說呢。事實上——」世外民酒後微微蒼白的臉，苦笑道：「我家也被人這麼說呢。」

「喔？這倒有趣。其中總有些例子是真有其事吧，沈家或許就是。話說回來，把這種傳聞套用在每個地方的大地主身上，還真聰明，因為那個故事的確簡簡單單就把所有富豪的行徑給說明白了。嗯，是這樣吧？不過，比起這個，我更感興趣的是用犁撞死年邁老寡婦的部分。——我覺得那個沈家祖先固然是個粗暴惡徒，但可能也是特殊人物。是吧？否則故事就講不通了。再怎麼晚期的清朝政府，或是先前只被當成殖民地的臺灣，總不可能接二連三派來的全是腐敗沒用的官吏，可是，那些人卻全被攏絡收買，這不可能只憑金錢的力量，沈氏想必有著優於官吏的經營才能——這只是我的想像，你暫且聽聽。說到葫蘆屯一帶，你知道，是島上開墾度最高的農業地區。『不是說過嗎，我的土地附近如果有田不整理，看了就討厭。……老太婆，讓開。田，就是要耕作的。……真想死嗎？好，你這年紀死也可以了』說著，輕鬆跳下馬來親手殺了老寡婦。對我來說，好像從這角度看見一個行動力很強的男人，正是靠著這種人的手腕，原始山野才得以開墾。草創期的殖民地需要這種人。官吏們看上他的事業或可為政府帶來利益，對其惡行視而不見以為報酬，還可能暗中鼓勵。那男人對此早有領會。他的遺言不是更有意思？『三十年後』，這話早已預見即使殖民地政治也會慢慢整頓走上軌道，屆時他辛苦開拓得來的土地，終將被比他更巨大的暴虐者所掌控。這是何等驚人的見識。——他簡直像個社會學者，了解政治的根本原理，並加以利用。先掠奪他人之物加以整頓修飾，讓土地田園鍍了層金似地改頭換面，然後賣掉換取金錢，繼而將之投入商業。所謂商業，可說是文明開化後世上唯一的戰爭，也是最安全的戰爭——資本雄厚的人註定勝利。他是先將這套必勝戰略傳給了自己的子孫呢。他的作爲充滿了生命力，值得讚嘆。但是，即使是那樣有先見之明的男人也無法預知大自然突來的變化。這就是人類的淺薄。長期以來濫用大自然豐沛資源所得的財富，只消一夜颱風，悉數歸返自然，這眞是太妙，也是活該——這樣一說還是成了所謂因果報應，雖然我根本沒打算要說教這種事情……」

不知不覺間，我喝個爛醉，口齒不清，自以爲清楚的腦袋怪異地不聽使喚，胡言亂語：「說是打扮成新娘模樣腐爛的？這種事常有呀。打扮成新娘模樣而死。漸漸腐爛了，是嗎？活人也有愈來愈冷，愈來愈腐爛的。插著金簪，是吧？……」

世外民慣如往常，深淵般沉默，不僅沒有責備我這番胡言亂語，更像根本沒聽進去似地，手執斟滿老酒的酒杯，望著空蕩蕩的什麼。

「世外民、世外民，這男人舉杯的模樣是有那麼點魔性了。」

*

世外民這個特殊的名字，打從故事開始，我經常提及但未附上說明。他可以說是我在臺灣時唯一的朋友，這奇妙的名字本是匿名，也是他的筆名。我讀了他的投稿，決定採用作爲報紙內容。我對他的詩——當然是漢詩——及其文采並非完全理解，但很喜歡詩中的反抗氣慨。不過，詩就只採用那麼一次。因爲被主管當局注意到了，把我叫去，說是對統治有所妨害，責備我違反常識。世外民再度投稿，我坦率說明原委並將稿件退了回去。世外民因而來拜訪我。看外表是個有教養的年輕人，沒想到卻是名酒徒，杯觥交錯間我們成了交情深厚的朋友。他出身龜山富家，從臺南搭火車約一小時車程。家族裡以代代出秀才而知名。那時候的我，說來無聊，因失戀而自暴自棄，對世間一切抱持否定態度，因而與世外民成了朋友。這段時間以來，能讓我喝得痛快的也是這個世外民。不過，沒有人會把我想成世外民身邊的幫閒，因爲世外民重點在交朋友，他亦不是那種需要幫閒的男人。我尊敬他這一點。說這些沒什麼目的，只是錄下我的朋友交遊。他與我訣別的時候，送了我一首惜別詩，我仍然記得——或許不是太好的詩，但對我而言，那是無關好壞的。

登彼高岡空夕曛　天邊孤雁嘆離群
溫盟何不必酒杯　君夢我時我夢君

五、女誡扇

我勉強極不情願的世外民，前往禿頭港廢屋，並且踏進其中；那是他再次來到臺南的時候，距離我們發現那棟屋子差不多過了五天——因爲世外民那時每星期至少來找我兩次。

「走吧，今天要讓你看看我的想像是正確的。運氣好的話，說不定還會看到你最忌諱的鬼魂眞面目。」

我如此宣稱，還選了和上次相同的時段。不相信那裡有鬼魂的我，一開始會想自己這麼做，是否會像蛇驚嚇了在高欄找著好洞築巢的雙燕？但再想想又覺無所謂，因爲我已做好心理準備，如果那裡眞有一對男女，就依當下對方態度，看是佯裝不知，或把他們當成屋子裡的居住者，爲自己胡亂闖入而道歉。於是，我們以平常的腳步，從門前石柱處，經過和上次一樣的入口，走了過去。那時候，就連我也稍稍停下腳步豎耳傾聽。當然，沒聽見什麼泉州話。麻煩的是世外民卻怕了起來，不肯先進屋去。正廳裡頭光線昏暗，我很難判斷這屋子往二樓的階梯在哪兒。世外民口頭說明，大門進去，正廳左或右邊小門開開看，應該可以從那兒上去。正廳約莫二十疊※大，四扇窗戶緊閉但有破損，就縫隙透

※ 疊，面積單位。一疊約等於半坪。換言之，此處「二十疊」約是 10 坪左右。

進來的光看，廳內什麼都沒有。我走進去，一時忍不住悶哼出聲，不是因爲聽見那個說話聲，是密閉屋內的氣味。很難形容是怎樣的氣味。應是悶造成，但這棟建築蓋得很好並不熱，頂多只能說是陰冷悶著，除此之外實在不知怎麼形容。世外民倒是對這氣味不怎麼在意。往天花板看，成片粉白的黴，或許是黴的氣味所致。我們先打開右邊的門——果然，那兒就有階梯。兩尺左右的細梯，幾成直線般險陡立著。樓上透下來的光讓階梯稍顯明亮。雖說沒有任何可怕的東西，我也沒有把傳聞放在心上，不過，還是無法心情輕鬆。說害怕是言過其實，但幸好把世外民找來。雖然我打算過即使自己一人也要再來看看，但若真一個人來，應該很難冷靜觀察吧。這麼說起來，深深迷信那種傳聞的人們，就算真是兩人作伴，第一天要踏進這兒來，還真是不簡單，不、是選擇這兒真不簡單。我試著想像，那對戀人相互依偎、忐忑不安，爬上這細窄階梯的光景。

我回頭催促世外民，並開始爬上階梯。眼前沒有什麼符合我想像的東西，不過，這陣子，這兒有人上下，倒是肯定的。怎麼說呢？樓梯上雖沒有明顯的腳印，但譬喻來說，有著冬日草原自然形成的小徑模樣，只有小徑顏色比他處深，其他白色塵埃裡，隱約可見階梯的木板色澤。二樓感覺無人。今日大概無法一睹鬼魂真面目了，我想著，踏上了二樓。

出乎意外，那兒是明亮的，但不知爲何忽然悶熱起來。沒有任何人影。我鎮定下來，仔仔細細觀察周遭，發現地板上也留有人走過的痕跡，而且形成一條細直的路徑。L形的房間牆後，有光束流瀉而來。牆上的窗將房間照得明亮，人走過的痕跡亦是往那窗的方向去。有一種彷彿牆後有誰貼身藏在那兒的感覺。我不由得向窗走去，腳邊揚起塵埃在光束中飛舞，難得有風拂面，這才看見那扇亮窗是開著的，窗牆邊擺有一張檯子。這檯子以極厚的黑檀木做成，四邊各有一根約五尺的細柱，支撐著上頭的黑檀木檯。從大小來說，感覺是床檯。

「是張床吧。」

「是啊。」

這是我和世外民進屋以來的第一次對話。床上沒有積塵——頂多只是少量塵埃。黑檀木穩重地散發著冷色的底光。我回頭看世外民，手指床檯，厚實的黑檀木白晃晃地映出我的手指。

世外民點點頭。

除了這張床，房內可稱得上家具的，顯眼也好，不顯眼也好，眼裡全無半項。傳聞中那個頭插金簪、新娘打扮的瘋女，不就是躺在這張床上逐漸腐爛嗎？

如此想來，這氣派的檀木家具之所以至今還留在這裡，不是出於憐憫，而是因爲恐懼吧。

床後方的牆壁有大大小小好些壁虎，時不時爬動著，這不是什麼稀奇事，此地家家戶戶天花板上多少都有幾隻壁虎爬動，和內地蜘蛛的情況差不多。不過，這面牆上，就空間比例來說，數量稍多了點，六坪左右牆上爬了三、四十隻。

我不知道世外民感覺如何，但眼前所見我已心滿意足。回去吧，我想著，再看一次窗外藍天，因爲其他地方實在太過陰沉。離開時我不經意看向腳邊，因而發現床正下方有個像是扇子的東西——四、五根扇骨展開著。我彎身撿了起來，直接用手帕包起來塞進自己口袋。世外民不知何時已經提前我四、五步，準備回去了。

下樓時世外民和我不自主都走得很急。出了廳門，一直壓抑著的不安似乎爆發開來，我們下意識快步前進，默默無言地走出了大宅的後門。

「如何？世外民，沒有什麼鬼魂吧？」

「嗯。」世外民勉勉強強同意了。「不過，你沒看到嗎？剛才黑檀木的床上有隻好大的紅蛾。有手掌那麼大喔，不知從哪兒飛來的，貼在那黑得發亮的木板上，乍看很美，但看著看著感覺心裡發毛，就想趕緊離開。」

「喔，有那種東西嗎？我倒是不知道，只看到壁虎。你呀，是在做詩？還是幻想？」

——我想世外民應該是把在那床上死去的瘋女給美化了。

「不，是眞的。那麼大的紅蛾，我還是第一次看到。」

走著走著，我想起剛才那把扇子，便取出來看。出乎意料的精美，使我驚訝，也有些困惑。

是把女用扇，象牙做的扇柄上淺淺雕著水仙圖案，花瓣與花蕊還是鏤雕技法，光這些作工就很精緻，打開來看更是講究。扇面畫滿紅白相間的蓮花，背面可見象牙扇骨——因爲只在正面貼了扇紙，背面扇骨直接外露，上頭以金泥寫了字。

「喂！」我再翻回扇面看著，叫住世外民。「王秋豐是有名的畫家嗎？」

「王秋豐？沒聽過。爲何這麼問？」

我默默地把扇子遞給他。世外民當然很詫異。我一時之間也不知該說什麼好——我這人雖然放蕩，但這時有點偷東西的感覺，心裡也過不去。我把事情老實告訴世外民，沒想他不以爲意，還邊走邊端詳起那把扇子來。

「王秋豐？談不上名家手筆，但也不是太普通。不蔓不枝……」他唸著扇畫裡的題字。「這是〈愛蓮說〉的句子，不蔓不枝。——但題在女人扇子上這話不好吧？不生藤蔓，也不生枝，對女人來說，這太悲哀了吧？怎不題些富貴多子之類的——是覺得太平凡嗎？」

「幸福這種東西是平凡沒錯呀。倒是，富貴多子是什麼意思？」

「牡丹代表富貴，石榴意指多子。」世外民把扇面翻過來看，嘴裡繼續讀著：「哎呀，這是曹大家※《女誡》的一節吧？原來如此，因爲是〈專心章〉，難怪選了不蔓不枝……」

看來，這把扇子意外引起了世外民的興趣。他玩味、說著那些字句的時候，我對同一把扇子想的倒是完全不同的事。

※ 曹大家，指班昭（49年？－120年？），東漢人，女性文學家、歷史學家。《女誡》則是班昭所著之女性禮教私書，共分七篇——卑弱、夫婦、敬慎、婦行、專心、曲從、叔妹——並以此規範女子之德性與禮儀。

以扇背來看，至少可以確定並非現代製品。如此精細工藝，很適合父母送給即將出閣的愛女——應該是沈家的東西沒錯，以前，瘋女死去的時候手裡可能也握著它。這把扇子。我進而幻想某個禿頭港庶民區的少女，奔放而無知，受著本能的驅使，就連屋子有著悲慘傳說也不害怕。以前，那豪華的床檯上死過什麼人、怎麼死的，她也全給忘記，臥於其上，手裡搖弄這把明記或暗示婦德的扇子，全然不知其義地，爲那因她而全身汗濕的情夫搧風送涼……她任由生命氾濫，隨之而去，無視一切——我指的並非其善惡，而是「善惡的彼岸」※……

六、終曲

如此，那棟廢屋多多少少讓我感到興趣。對當時什麼都提不起勁的我來說，就算只是一時，有那樣的心情也是難得的，整個故事來說，我最常想像三個角色：一是堪稱市井英雄的沈家祖先，一是出於瘋狂而永遠凝望明天的女人，一是受野性驅使而不在乎習俗的少女——就大致這麼形容吧，無論如何，那種類型的人物活躍變化，使我感到愉快，我甚至想將他們寫成劇本，連「死新娘」或「紅蛾」之類的標題都想好了。不過，也只是想想而已，不知該說不去做還是做不到，總之我就是沒有行動力，這樣的我卻空想上述三個人物，實在可笑。

※「善惡的彼岸」一語在原文中亦加上引號，雖然後續並未多加解釋，但參考佐藤春夫身處之時代背景與當時日本西化的風潮，此語之源頭可能來自尼采同名著作《善惡的彼岸》。此書德語原文初次出版於 1886 年，內容上前承《查拉圖斯特如是說》，後啟《道德譜系學》，書中提出「主人—奴隸道德說」，主張人應超越傳統道德的善與惡（即「立於善惡的彼岸」）。如今時常聽聞之名句：「當你凝視深淵時，深淵也在凝視著你。」亦出自此書。在 1925 年〈女誡扇綺譚〉發表之前，日本已有尼采著作之日譯本，且其主要譯者生田長江（1882—1936），正是佐藤春夫剛上東京所拜為師者。

意義或許就在這裡。我這個人，不管用什麼方法，別說征服世界，其實是時時刻刻被世間力量壓迫、而後捨棄。不過，我雖毫無能力卻極度任性，因此，有某些事也會強求到底。但我是仗著什麼非得那樣逞強不可？自暴自棄，這可悲的逞強，要說與其他事物有何不同，就是我自身絕不因此而感到愉快。事實上，我時時刻刻過著不愉快的生活。這說來也是因爲有個按理早該忘記的女人身影，卻總在我眼底浮現的緣故。

首先，我得先戒酒才行。因爲我並非感覺愉快才喝酒。自己感覺不愉快的事，做起來並不好過。當然，比起酒來，報社工作更應該先停掉。但如此一來，到最後，恐怕連活著這件事都可能變得不愉快。不過，若眞是如此，說不定連活著這件事，也該停掉才比較正確……

或許不該說這些，但這些事有時我就是會想過了頭。那天也是如此。那時，世外民剛好來找我。

「喂！」世外民忽地興奮喊著：「你知道嗎？禿頭港的上吊……」

「啊？」我正微微想著死的問題，如此一聽，不免感到有點奇怪。「上吊？什麼上不上吊的？」

「你不知道嗎？報上都登了。」

「我不看報，再說，我已經四天沒去報社上班了。」

「禿頭港那兒有人上吊了——就是我們前陣子看的那間屋子——誰也不去的屋子。有個年輕男人在那兒吊死了。報紙寫了十行左右而已。我剛好有事過去那邊，聽了傳聞才搞清楚，好像是踩在那張黑檀木的床上吊死的。說是俊美的年輕男人呢，而且，嘴邊還帶著笑，應該是被那個傳說的聲音給吸引了——『新娘終於等到夫婿了』，大家都這麼說呢。還有啊，聽說也是腐爛有點發臭，我聽得毛骨悚然，想起我們聽到的那個聲音、還有那隻紅色的蛾呀。」

忽地我也感覺有股死亡的惡臭掠過鼻端——是鼻子自行回想起那間大廳的霉味吧。世外民重新說起那棟屋子的怪事，對我在那兒撿到的扇子感覺不安，勸我把它丟掉——明明之前那麼感興趣，還說自己想要呢。不過，當我說要送給他時，他確實是像現在這樣不安，最後說不要了。對我來說，既然可以送給世外民，丟掉其實無所謂，但我不想接受那個理由。再者，真被勸著丟掉，又覺得那珍稀工藝實在可惜。我嘲笑世外民的迷信：

「要是大街正中有人上吊死了，直到腐爛都沒人發現，那的確不可思議，但在誰也不去的地方自殺或幽會，本來就很正常吧？——只是市街裡有那樣一個寂寞地方，不太妙呀。」

那屋內的情景，清楚在眼前浮現，我如此說道。

同時，我對吊死事件的發現有一點疑惑。既然誰也不去那房間，那麼，裡頭發生的事，按理就不可能被發現。那兒是有扇打開的窗，但是，從那兒望出去，除了藍天什麼沒有——換句話說，除非從天空俯視，否則是看不見屋內的。若說是因爲臭氣外溢，但宅院四周可是廣大得很。這一想，本來不感興趣的話題，又變得有趣起來，我說：

「眞荒唐。可能眞的有死人。但怎會說什麼年輕美男子。難道這還分得出來是美是醜、是老是少嗎？」

「可是大家都這麼說。」

「那麼，是誰發現屍體呢？那地方，從外頭根本看不見，也不可能有誰剛好經過看到吧。」忽然間，我想到，既然是同樣的地點，那麼，這個吊死的人——傳聞年輕俊美的男人，會不會和我前陣子想像判斷的幽會有什麼關係？於是，我對世外民說：「這事不急，但下次請順便幫我問問，發現屍體的是怎樣的人。如果是泉州出身的年輕女人，那就一切明白了——上次我們聽見的聲音是誰，以及這次吊死的原因。——如果真是年輕男人，那應該是失戀所致吧——比起被鬼魂聲音迷惑而死，失戀尋死才是常有的事吧。不過，兩者都是自己心生幻影，這點是相同的。」

我沒有多大興趣，世外民卻興致勃勃。真是如此，並非我想推責於人。世外民對這事確實熱衷過頭，我也就受了影響。他同意我的觀察，迫不及待想沿著這推論去調查誰是發現者。他說，只要去附近問問看就知道了。

不多久，世外民回來了。聽了他的答案，我對臺灣人的天真，更加感到驚訝。根據傳聞，是一個黃姓糧食批發商的女兒——她家離禿頭港有段距離——她偶然夢見一個男人，應該就是那死去的年輕人，走進一間不可思議的大宅，似乎是禿頭港那棟廢屋。根據這個提示，尋找失蹤男人的人們才終於發現了他。人們傳說著這是位能通靈的女孩。

無知的人們竟能如此輕信他人，這使我感到驚訝，同時，那位把事情胡扯到此程度、欺騙他人的少女，也實在是毫無羞恥心的傢伙，這一想，便想把一切都揭穿出來。回想起來，當時我還年輕，不懂人情世故，對那年輕女人賣弄小聰明編出來的荒唐謊言，是欠缺同理心的。

「世外民啊，你來幫個忙吧。」

我將先前那把扇子放進口袋，再確認身上是否還有印著記者頭銜的名片之後便出門了。我當然是想去那家糧食批發商。只要見著那家女兒，把扇子拿出來一問就明白了，但她父母會不會讓她和報社記者見面就很難說，就算給見，也可能監視我們說話。世外民應該會想方設法幫點忙，但若女兒只會講泉州話那就行不通。想著想著，方才那股興頭變得可有可無。對自己毫無用處的事，興趣什麼呢？我自己都覺得莫名其妙。

「眞無聊。算了吧。」

世外民說既然都特意來了，還是去吧，而且那家糧商再過兩、三戶人家就到了。在這之後發生的事，我本以爲全在預料之中，沒想到事實還超過了我的想像。

首先，這糧商規模比我想像要大，是個大盤商，而且，主人其實很歡迎我的到來。這位男人是臺灣大商人裡的常見類型，樂於和日本內地人往來，尤其最近人們盛傳女兒通靈，今日還有報社記者來訪他感到十分高興，說著，便把我們從店口請進屋內去。

「汝來仔請坐。」

發出聲音的不是黃家女兒，而是一隻沒有關籠，站在棲木上的白色鸚鵡。

女兒見我們來訪倒是有些驚訝，接過我的名片，手顫抖著，臉色發白。她極力掩飾但是徒勞。年紀約莫十八，長得也算美。我先默默觀察她的神色。

「歡迎光臨。」

沒想到這家女兒說的是日語，而且很流暢。我坐下來，說道：

「小姐，妳會講泉州話嗎？」

「不會！」

彷彿對這突如其來的問題感到疑惑，她抬頭看我，那對美好的眼睛裡並沒有謊言。我從口袋取出扇子，把它展開一半放在桌上，又問：

「妳認得這把扇子吧？」

「這？」她拿起來看：「好漂亮的扇子。」很稀奇似地端詳著扇面。

「妳不可能不認得這把扇子。」我試著用稍強硬的語氣說。

「咯、咯、咯、咯、咯！」

鸚鵡好似抗議我的話，一度豎起了冠毛。

眾人沉默間，忽然有激動啜泣的聲音，從鸚鵡背後的帳幕後方傳來。又是帶淚又是哽咽，那聲音說著——

「您就全說出來吧，小姐。都無所謂了。不過，那把扇子可以給我嗎？」

「…………」

沒有人知道應該怎麼回答才好。世外民與我面面相覷。

未現身的女子嗚嗚咽咽哭著說下去：「我不知道您是誰，但小姐什麼都不知道。她只是不忍心看我受苦罷了。但請您把撿到的那把扇子——畫著蓮花的扇子給我，我會說出一切來回報。」

「不，不必如此。」我向著那聲音，答道：「我已不想再聽什麼，扇子就還給妳。」

「那其實也不是我的……」無從捉摸的女子低聲說：「只是我的回憶罷了。」

「再見了。」我們起身，我拿起桌上的扇子，收好放回去。「請把這扇子交給裡頭那個人。我不知道她是怎樣的人，但請妳好好安慰她。我也不會在報上寫任何東西的。」

「謝謝您。眞是謝謝您。」黃家小姐眼裡盈滿了淚水。

＊

幾天後我去了報社，有個同事從警察那裡打探來的消息裡，有這麼一則：黃姓糧商家中十七歲的婢女，因爲不願嫁給主人安排的內地人，吞食大量罌粟種子身亡。她自幼是個孤兒，被鄰居黃家撿來扶養。寫這則報導的男人，將焦點放在臺灣人拒絕嫁給內地人這一點上，文字語氣頗不以爲然。——那個在廢屋幽會的女子——因爲奇妙的因緣，我只能二度聽聞其聲，終未能一睹模樣的那名少女，於現實中，應該與我幻想的人物大不相同吧，如今我是這麼想的。

〈女誡扇綺譚〉開頭描寫從赤嵌城（熱蘭遮城）址眺望安平港的場景。安平曾是臺灣第一大港，因木造帆船時代的結束而沒落，見證了荷蘭、鄭氏、清朝、劉永福到日治的興衰。

Y45. (二ノ其)

在古都探訪鬼屋：女誡扇綺譚

◎河野龍也—著　盛浩偉—譯

（本文節選、翻譯自〈古都に〝幽霊屋敷〟を訪ねて——女誡扇綺譚〉，原收錄於河野龍也編、辻本雄一監修，《佐藤春夫讀本》（勉誠出版）二〇一五年。）

新垣宏一的下町探險

〈女誡扇綺譚〉，是一篇以〈臺灣府古圖〉爲引導，將臺灣的歷史編織入其中的小說。這篇作品在戰前，尤其受到「在臺內地人」（即住在臺灣的日本人）的歡迎，並刺激了他們對臺灣的「鄉土意識」。譬如西川滿，他的創作如〈楚楚公主〉（《媽祖》，昭和十年十一月）、〈赤嵌記〉（《文藝臺灣》，昭和十五年十二月）等，就受到其影響；還有島田謹二，也曾在〈華麗島文學志〉（《臺灣時報》，昭和十四年九月）中嘗試過細膩詳實的評論。這兩個人都是例子，不過，要說有誰在這篇作品中紮紮實實地讀到了「鄉土」之感的，那非新垣宏一莫屬。他是在臺日人第二代，生於打狗（高雄），從臺北帝大畢業之後成爲臺南二高女的國語教師。因爲這篇作品的緣故，他才愛上了他工作的地方，甚至以驚人的熱情實地探查走訪作品裡的地點。

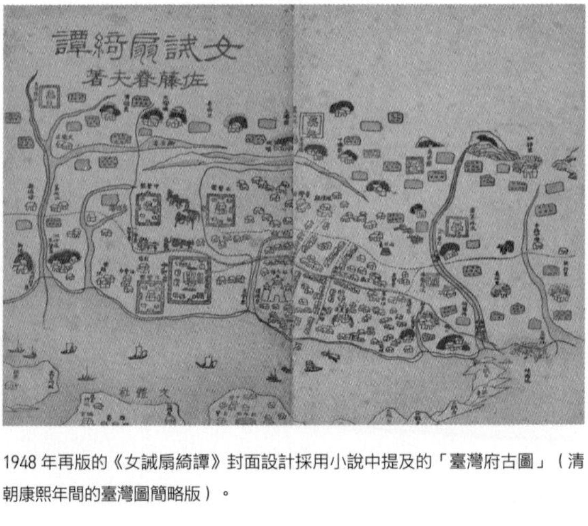

1948 年再版的《女誡扇綺譚》封面設計採用小說中提及的「臺灣府古圖」（清朝康熙年間的臺灣圖簡略版）。

以水仙宮爲首的廟堂與市場，還有臺南西郊遍地都是小販攤商的下町地區。在那日暮時分，人聲雜沓的景象裡，一定有著新垣宏一的身影。昭和十四年（一九三九）的春天，他費了好幾個禮拜，在下課後及週末探索，最後，終於發現了那間「房子」。地點位於佛頭港（禿頭港）更北邊的新港墘，當時的地址是臺南市入船町二之一六三，爲陳家的造船廠舊址，原本當地人慣稱爲「廠仔」；但是港口改成了較細的下水道，房子也被拆解改建，只不過，據說改造過後，仍留下了槍樓和挖有槍眼的胸壁。接著，新垣宏一注意到了佐藤春夫的記述：「舊城的陳先生是我至今都還記得的一個人。」（〈記那一個夏天〉）佐藤春夫在臺灣待在東熙市那裡，新垣宏一便從東熙市的人脈中鎖定了陳聰楷這個人，並且直接從他本人口中得到證實：陳楷聰的確替佐藤春夫導覽過「廠仔」。在佐藤春夫的小品〈鷹爪花〉（《中央公論，大正十二年八月》）中，描述陳楷聰是「個子小且身形纖細的美男子」，而他的出生地舊城（今左營）則在龜山的山腳。而從優雅的酒徒這一點來看，他也彷彿就是世外民。

發現還生存著的廢墟

日治時代的入船町二之一六三，現在的民族路三段一七六巷。實地造訪，則那片在佐藤春夫和新垣宏一的時代裡還留有沼地、養魚池痕跡的海面，如今

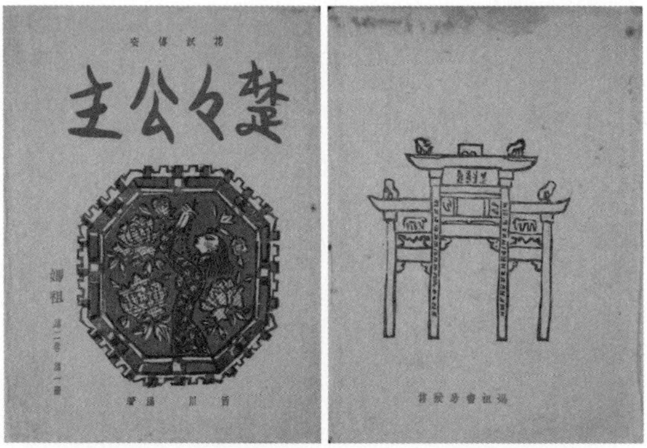

西川滿著《楚楚公主》、《媽祖》第七冊。描寫在淡水港邊的宅邸，等待外國父親歸來的美少女。其中廢墟與瘋女的組合，顯然是受到〈女誡扇綺譚〉的影響。

也遠在距離四公里處的他方。而曾經的運河變作暗渠，業已是平凡無奇的街角。然而，在臺灣，總可以在巷弄深處與建築暗隅中，發現往昔的殘影，讓人不禁會懷疑自己的眼睛。

在停車場的一角，有兩棟古代民房。一間是平房，另一間則是兩層建築。狀似馬鞍的閩南式懸山式屋頂，配上牆壁鋪著纖細的化妝煉瓦。屋頂下方所釘附著的T形、S形金屬，則稱爲「壁鎖」（或稱鐵剪刀），是將外牆固定於屋內楹仔的避震構件。那本來是荷蘭東印度公司征服臺南時所傳來的，但這種建築技術早已在十九世紀末時消失。由此看來，則將這兩棟房子視爲「廠仔」的一部分並沒有錯。陳家造船廠在明治三〇年代歇業之後，依舊實際有人居住，因此，說那是無人居住的鬼屋，則完全是佐藤春夫的虛構。但是，這棟在大正中期已經被看作廢墟的老朽建築，居然在二十一世紀的現在仍然立於該處，這實在是近乎不可能的奇蹟。※

明治二十八年（一八九五）十月，日軍攻打「臺灣民主國」的劉永福並佔領了臺南；那個時候曾製作了一張地圖，圖上描繪著那還開著業、且四周被石牆所圍繞的武裝船廠「廠仔」之姿。「廠仔」坐落於五條港（新港墘、佛頭港、南勢港、南河港、安海港）最深處，其選址爲視野佳、能防備海盜襲擊的安全

※ 譯註：文章原文如此。但這棟建築目前已拆除。

原作者補充：

在我之後的調查中，又得知在禿頭港（佛頭港）曾有另一棟兩層樓、五進深的洋樓，是富商沈德墨（號鴻傑，連雅堂的岳父）居住過的宅邸。這棟房子曾經的位置在現在的景福祠前、海安路的正中央。佐藤春夫有可能在外觀上（有槍樓、石牆，宛如要塞一般）參考了「廠仔」，而建築的細部與家族原型則可能是參考了沈家（詳細可參照拙作〈〈女誡扇綺譚〉的廢屋──從臺南土地資料的重新探討〉，收錄於《臺灣文學史料集刊》第七輯）。

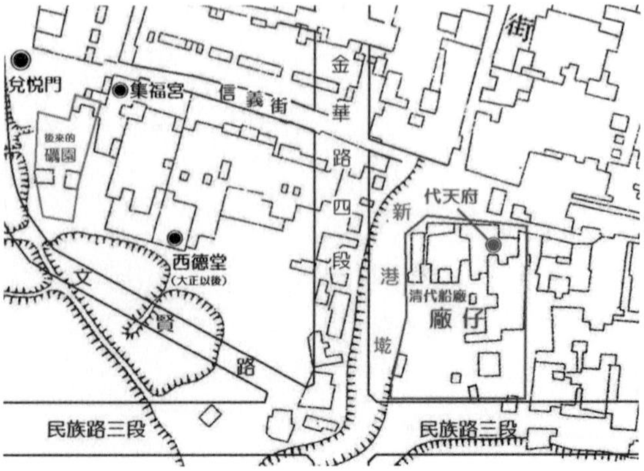

之地。然而，它最終卻也難敵泥沙淤積以及戎克船時代的終結。

現在，在那兩層建築的內側，有間掛著「代天府」匾額的小廟。屋內匾額「神通廣濟」，則是同治七年（一八六八），由第四代陳進輝所捐獻的。其供奉的神明眼神光燦、赤面美髯，而據廟內之說明，那是與陳氏祖先一同從福建泉州渡海而來的溫府王爺。不知道這位待在無主宅邸角落的守護神，如今正想著什麼呢？

二層樓廠仔 (2013 年拆除)。使用「壁鎖」的二層樓屋直到近年仍零星可見。早在 1939 ～ 1940 年，擔任臺南第二高等女學校教諭的新垣宏一已將「廠仔」視為廢屋的原型。

這是經營「廠仔」的陳家視為守護神的代天府，至今香火不斷。匾額「神通廣濟」是於 1868 年所奉獻。

「廠仔」的一部分，位於民族路三段 176 巷。屋頂下有荷蘭時代傳入的 Y 形與 S 形耐震金屬零件「壁鎖」，現存者極為罕見，2019 年已拆除。

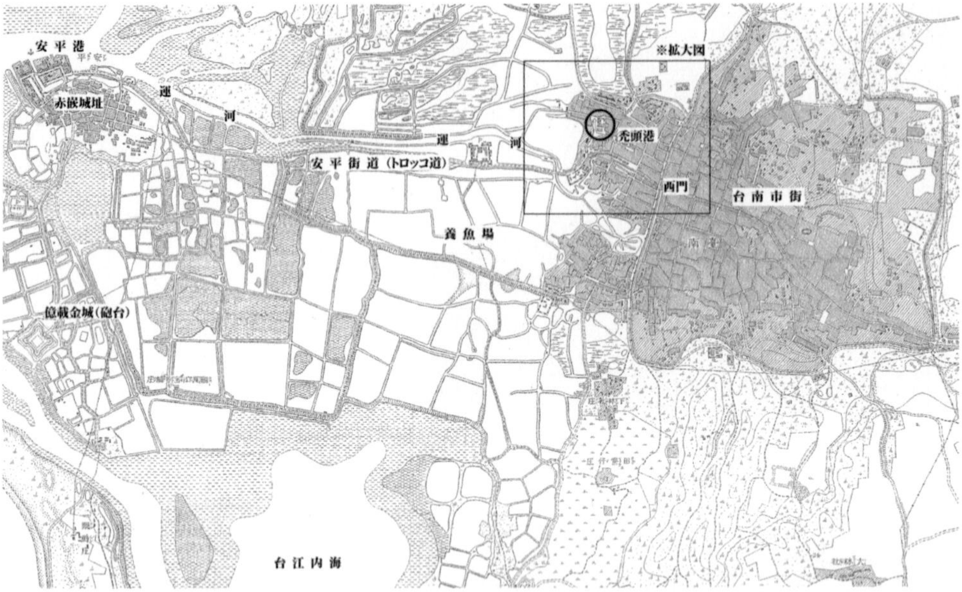

繪製於日軍領臺後不久。可見海灣已成魚池與鹽田，臺南與安平之間的街道後來鋪設臺車軌道（今安平路）。〈女誡扇綺譚〉中描寫「從臺南起約四十分鐘的行程，必須把自己當作是泥土或石塊似地讓臺車來搬運。」

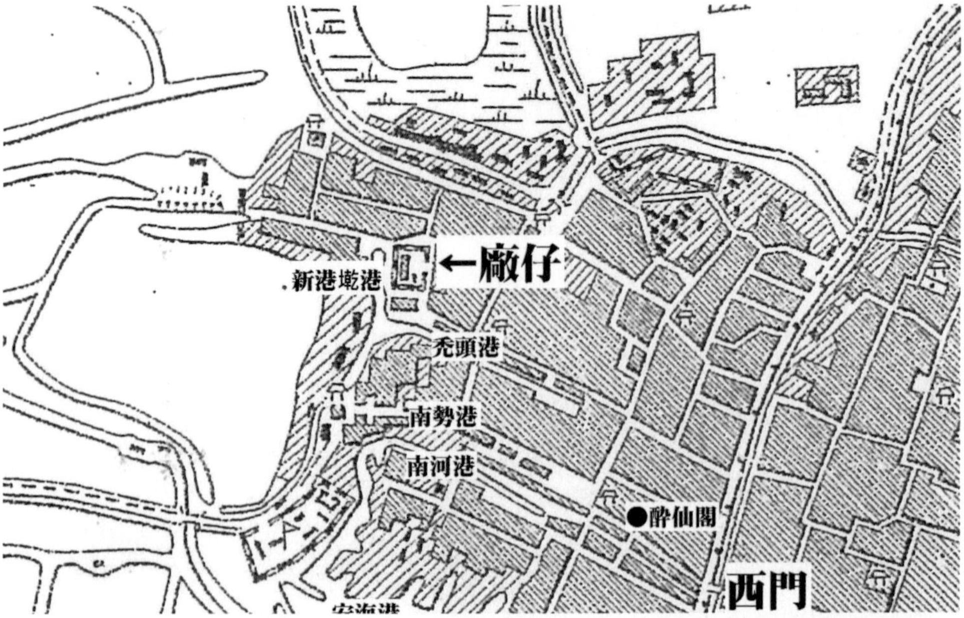

從安平往臺南的運河在進入市區前分開成五條，因此總稱為包括「禿頭港」的「五條港」。〈女誡扇綺譚〉開頭就提到這讓人費解的地名。

西門外與醉仙閣

舊五條港沿岸的西門外，現在還留有連棟的清代和日治時代木造建築，其中一部分則進行了老屋翻新，成爲文化觀光景點，開著頗有情調的小店和租借畫廊，很受年輕人歡迎。有些民房在二樓也有廳門，據說那是古時候此處爲港區的緣故，人們會從這個門將船上的貨物吊上二樓存放。當時對岸貿易興盛，在這附近也有花街。陳楷聰曾說他陪過佐藤春夫去「青樓」（妓館），那麼佐藤春夫在《南方紀行》（大正十一年四月，新潮社）裡記下的臺灣藝妲之名——柑仔、卻仔、阿招、錦仔、玉葉（玉葉仔）、寶玉、寶青、寶蓮等——恐怕就是這個時候接觸的吧。而在〈女誡扇綺譚〉裡，世外民經常與「我」把酒言歡的「醉仙閣」，也是實際存在的酒樓，其位於舊外宮後街的永樂町三之一二（今之宮後街），是大正二年（一九一三）開始營業的醉仙樓分店。在作品中，它給人的印象是一個小小間、遠離塵囂的居酒屋，但實際上卻是臺灣仕紳們的社交場所，而且是頗具規模的高級餐廳，甚至可以席開二十桌、宴請兩百人。不僅如此，小說中，「我」曾推測那幽靈的聲音是「年輕美麗的女人——或許是像藝妲玉葉仔那樣的女人吧」，從這個敘述看來，「我」與世外民兩人共飲的時候，似乎還有藝妲陪酒。

日軍占領臺南不久後的大西門外。中間偏右的長竿處是水仙宮，遠方左側是安平。1860 年天津條約生效後，外國商館紛紛進駐，但又隨著日本統治而撤出，只留下洋房廢墟。

這裡有一張明信片，描繪了大正初期的藝妲風俗。根據背面手寫的說明：「無論一夜或是三十分鐘，定價都是八圓……其費用之高，無比驚人」。由此或可推知世外民財力雄厚，但更重要的是，對於殖民統治抱有複雜情感的他，在這場與日本人（內地人）「我」共飲的私人酒宴上，竟還喚來了藝妲。對於當時的漢詩人而言，藝妲所演奏的琵琶正體現了他們對於舊時代的憧憬，而在《臺南新報》漢文欄、《三六九小報》、《風月報》上，也可以看到許多文人在漢詩中都描寫了他們與藝妲之交心。那或許也是模仿了白居易〈琵琶行〉的落魄姿態：「同是天涯淪落人，相逢何必曾相識。」白居易被貶謫爲江州司馬，並在孤獨遊女的故事中照見了自身境遇，故而如此吟詠。

在殖民統治底下，在臺灣知識菁英們懷才不遇的時代裡，他們只好出入青樓花街，吟詠漢詩，遣散胸中鬱悶。他們的酒宴，既是一種追懷往昔文化的歷史探訪，也是一種刻意背對「當前」臺灣的姿態。因此，世外民的友情是如此尊貴：他超越了立場，將「我」招待到珍藏的口袋店家，一邊聽玉葉仔彈琵琶，一邊飲酒。當時的「我」，只將他的感性一言以蔽之曰「亡國趣味」，但其實應該早點注意到這份與世外民友情的特異之處。世外民會害怕幽靈，也不單是因爲迷信，也必須要考量到他想與這塊土地之歷史緊緊相連的想望。

醉仙閣藝妲。醉仙閣是南臺灣知名餐館，聘用許多藝旦（藝妓）。此處也是漢詩人的集會地點。

餐館「醉仙閣」，這裡是「我」與「世外民」飲宴的地點，經過 2016 年的調查後，已知現今宮後街仍保有部分建築，宮後街 19 號。

同樣地，「我」本來將那「只聞其聲的女人」奉爲充滿生命力、故事跌宕的女性角色，然而，當這層幻想被戳破，他憤而追根究柢的結果，卻是找到一位少女。這種對於歷史與人的無所關心與誤解，最終出乎意料地產生了暴力。〈女誡扇綺譚〉的特質，就在於它深刻而尖銳地描繪出這種容易成爲人性盲點的可怕。現在的「我」回想起在臺灣的時代，才意識到自己犯下了深重的罪。於是故事戛然收束於那令人戰慄、無法言明的少女之死的核心。也因此，令這篇作品帶有深深餘韻，久久不散。

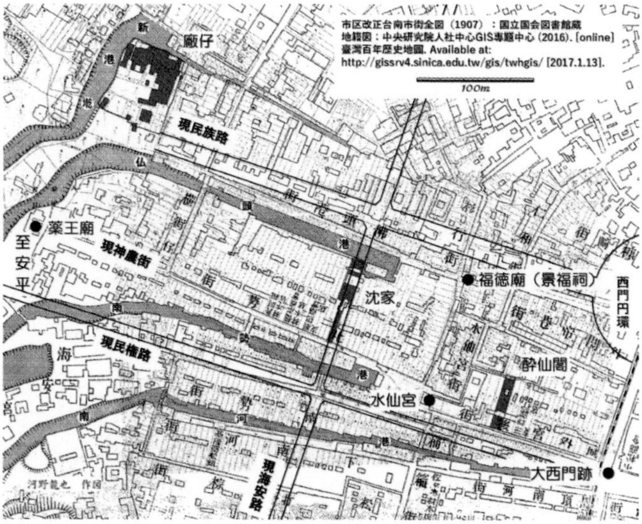

作品舞臺的廢屋原型，可能是陳家滿的造船所「廠仔」，或北勢街（今神農街）的沈德墨宅。但後者沈家是開港後才興起，異於作品的歷史設定。該宅邸已在今海安路開通時拆毀。

參考地籍圖與商工錄後的復原圖。「水仙宮」一帶又稱為「大西門外」，曾是港市文化的核心。高級餐館醉仙閣、西薈芳與南北雜貨店林立。附近也有牙科材料行，東熙市對這一帶應該不陌生。

百年之遇——佐藤春夫一九二〇臺灣旅行文學展

展覽品清單

本書《文豪曾經來過》當中所使用之圖片，絕大多數皆爲此次展覽之展品。以下表格中，「收藏者／提供者」欄中，若標明「藏」，則爲文物；若標明「提供」，則爲寫眞；若標明「受託保管」，則爲寄託資料，由該單位受託保管；若標示書名，則爲引用自書籍，而若未標明，則是公版圖片。

4	3	2	1	編號
				縮圖
寫眞	寫眞	寫眞	寫眞	類型
初戀情人・大前俊子 （1891-1922） 1905 年 1 月 13 歲	佐藤春夫成長之處 戰後	從熊野川眺望新宮 約 1910 年	佐藤春夫 （1892-1964） 1920 年 2 月 27 歲	品名
佐藤春夫紀念館提供	佐藤春夫紀念館提供	河野龍也提供	佐藤春夫紀念館提供	提供者
文豪的交誼	P.027	P.026	封面	本書頁數

8	7	6	5	編號
				縮圖
畫作	寫眞	寫眞	寫眞	類型
〈自畫像〉 佐藤春夫 1942 年 （油畫、帆布）	〈自畫像（未戴眼鏡）〉 佐藤春夫 1915 年 （油畫、帆布）	慶應義塾就學時代 1911 年 2 月	新宮中學五年級時 1909 年	品名
佐藤春夫紀念館藏	Le Vent 美術館藏	佐藤春夫記念館提供	東哲一郎提供	提供者
文豪的身影	文豪的身影	P.028	P.046	本書頁數

12	11	10	9	編號
		無		縮圖
書畫	書畫	影片	寫眞	類型
匾額「悠然見山」	對聯 「簾外有天來雨露／堦前餘地種芝蘭」	《現代日本文學巡禮》 久米正雄執導 1927 年 5 月 改造社	佐藤春夫紀念館 （原佐藤春夫宅）	品名
佐藤春夫紀念館 受託保管	佐藤春夫紀念館藏	郡山文學之森資料館 提供	佐藤春夫紀念館提供	提供者
P.092	P.093	無	P.092	本書頁數

16	15	14	13	編號
				縮圖
物件	物件	物件	物件	類型
木印 「三人跨日二人戴之」 1926 年	鋼筆	懷錶	夾鼻眼鏡	品名
實踐女子大學受託保管	佐藤春夫紀念館藏	佐藤春夫紀念館藏	佐藤春夫紀念館藏	提供者
無	文豪日用物	文豪日用物	文豪日用物	本書頁數

20	19	18	17	編號
		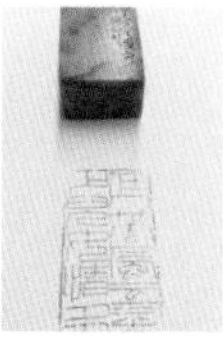		縮圖
書籍	畫作	物件	物件	類型
《生病的薔薇》 佐藤春夫 1918 年 11 月 天佑社	〈薔薇〉 佐藤春夫 創作年份不明 （硬筆　紙）	石印 「任人笑風雲氣少兒女情多」 傅抱石　1935 年	木印 「詩多成枕上」 製作年份不明	品名
河野龍也藏	佐藤春夫紀念館藏	實踐女子大學受託保管	實踐女子大學受託保管	提供者
P.054	P.054	P.095	P.095	本書頁數

24	23	22	21	編號
			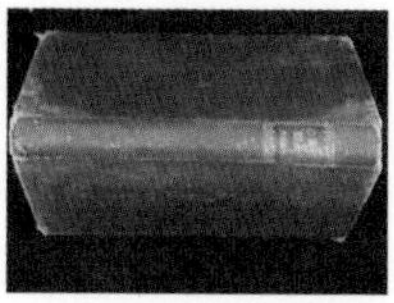	縮圖
寫眞	圖畫	書籍	書籍	類型
少女時代的小林千代 （1896-1982）	原稿塗鴉 佐藤春夫 約 1921 年 新資料	《都會的憂鬱》 佐藤春夫 1923 年 1 月 新潮社	《田園的憂鬱》 佐藤春夫 1919 年 6 月 新潮社	品名
竹田長男提供	實踐女子大學受託保管	河野龍也藏	河野龍也藏	提供者
P.042	文豪的筆跡 I	無	P.030	本書頁數

28	27	26	25	編號
				縮圖
寫眞	寫眞	資料	書簡	類型
佐藤春夫的新家庭 1932 年	佐藤春夫與谷崎潤一郎 1930 年 8 月 7 日	谷崎潤一郎、千代與 佐藤春夫聯名信 1930 年 8 月	谷崎潤一郎致 佐藤春夫書信 1921 年 6 月 6 日 首次公開	品名
佐藤春夫紀念館提供	佐藤春夫紀念館提供	河野龍也藏	實踐女子大學藏	提供者
P.043	P.042	文豪的交誼 —與谷崎潤一郎	文豪的交誼 —與谷崎潤一郎	本書頁數

32	31	30	29	編號
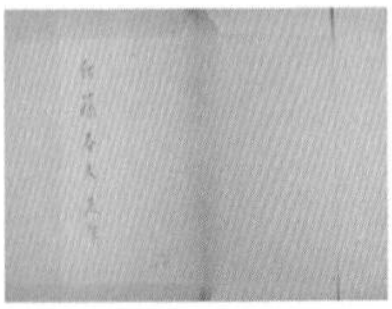	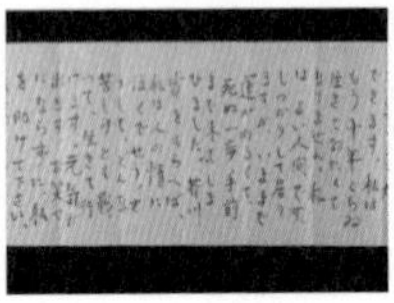			縮圖
書籍	書簡	寫眞	書籍	類型
《晚年》呈獻本 太宰治 1936 年 6 月 砂子屋書房	太宰治致佐藤春夫書信 1936 年 2 月 5 日	太宰治 （1909-1948）	《盲目物語》呈獻本 谷崎潤一郎 1932 年 2 月 中央公論社	品名
佐藤春夫紀念館藏	實踐女子大學受託保管	實踐女子大學受託保管	佐藤春夫紀念館藏	提供者
文豪的交誼 —與太宰治	文豪的交誼 —與太宰治	P.033	文豪的交誼 —與谷崎潤一郎	本書頁數

36	35	34	33	編號
無		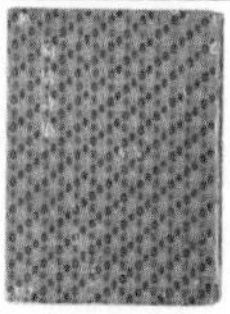		縮圖
聲音檔	書籍	書籍	手帖	類型
佐藤春夫朗讀自作之聲：〈嘆息〉（《殉情詩集》）、〈秋刀魚之歌〉（《我的一九二二年》）1961 年錄音	《我的一九二二年》 佐藤春夫 1923 年 2 月 新潮社	《殉情詩集》 佐藤春夫 1921 年 7 月 新潮社	素描簿（附炭精筆） 佐藤春夫使用 約 1945 年	品名
佐藤春夫紀念館提供	河野龍也藏	河野龍也藏	實踐女子大學受託保管	提供者
無	無	P.038	文豪的筆跡 I	本書頁數

40	39	38	37	編號
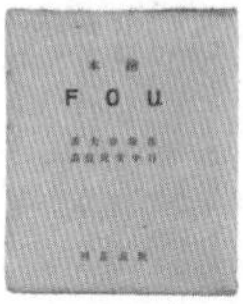				縮圖
書籍	書籍	書籍	書籍	類型
《FOU》 佐藤春夫著 谷中安規畫 1936 年 4 月 版畫莊	《魔女》 佐藤春夫著 川上澄生畫 1931 年 10 月 以士帖印社	《車塵集》 佐藤春夫 1929 年 9 月 武藏野書院	《玉簪花》 佐藤春夫 1923 年 8 月 新潮社	品名
實踐女子大學藏	河野龍也藏	河野龍也藏	河野龍也藏	提供者
P.032	無	無	無	本書頁數

44	43	42	41	編號
				縮圖
原稿	原稿	寫眞	書籍	類型
未發表原稿 佐藤春夫 約 1920 年 2 月 新資料	〈我的日常〉 （《文章俱樂部 1920.1）草稿 佐藤春夫 約 1919 年 12 月 新資料	臺灣旅行期間的 佐藤春夫 森丑之助攝 1920 年	《維納的殺人嫌疑犯》 佐藤春夫 1933 年 9 月 小山書店	品名
實踐女子大學受託保管	實踐女子大學受託保管	森雅文提供	河野龍也藏	提供者
文豪的筆跡 I	文豪的筆跡 I	P.091	P.116	本書頁數

48	47	46	45	編號
				縮圖
書籍	寫眞	寫眞	寫眞	類型
《女誡扇綺譚》 佐藤春夫 1926 年 2 月 第一書房	原東牙科診所附近 1923 年 4 月 《高雄州行啟紀念寫眞帖》（1924.4，Idea 寫眞館）	妻子東操與幼女東照 1920 年	東熙市 （1893-1945） 1915 年	品名
河野龍也藏	河野龍也提供	東哲一郎提供	東哲一郎提供	提供者
P.151	P.047	P.035	P.034	本書頁數

52	51	50	49	編號
			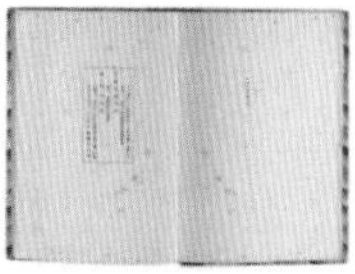	縮圖
書簡	寫眞	寫眞	書籍	類型
森丑之助致佐藤春夫 書信 1920 年 9 月 2 日	森丑之助 （1877-1926）	下村宏 （1875-1957） 民政長官時代	《女誡扇綺譚》 佐藤春夫 1926 年 3 月 第一書房	品名
佐藤春夫紀念館藏	佐藤春夫紀念館提供	日本國立國會圖書館 提供	河原功捐贈	提供者
P.047	P.077	P.060	P.151	本書頁數

56	55	54	53	編號
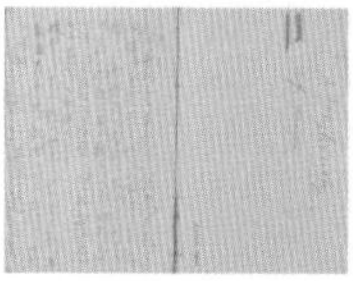			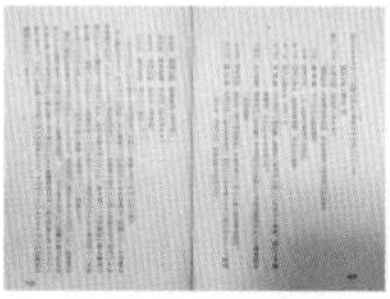	縮圖
資料	原稿	原稿	書籍	類型
森丑之助記事本 新資料	《臺灣名勝舊蹟誌》 杉山靖憲 1916 年 4 月 臺灣總督府	《臺灣蕃族志》 森丑之助 1917 年 3 月 臨時臺灣舊慣調查會	《霧社》普及版 佐藤春夫 1936 年 6 月 昭森社	品名
實踐女子大學受託保管	河野龍也藏	河野龍也藏	河原功捐贈	提供者
無	P.078	P.078	無	本書頁數

60	59	58	57	編號
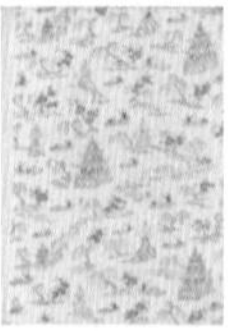	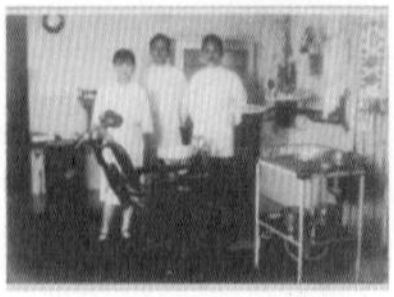			縮圖
書籍	寫眞	畫作	物件	類型
《南方紀行》 佐藤春夫 1922 年 4 月 新潮社	鄭享綬 （生卒年不詳） 約 1930 年	〈支那廈門〉 佐藤春夫 創作年份不明 （油畫、木板）	森丑之助贈與佐藤春夫的琉璃珠 新資料	品名
河野龍也藏	東哲一郎提供	佐藤春夫紀念館藏	實踐女子大學受託保管	提供者
P.036	P.064	P.057	P.037	本書頁數

64	63	62	61	編號
	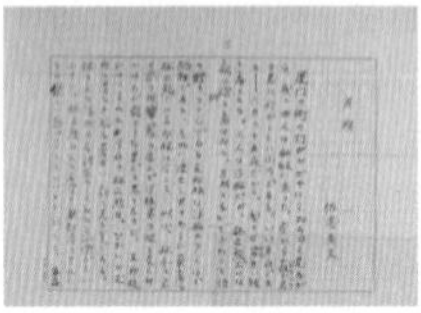			縮圖
明信片	原稿	書籍	照片	類型
廈門寮仔後街 1910 年代	〈月明〉 （《新潮》1921.11）草稿 佐藤春夫 1921 年 首次公開	《南方紀行》 佐藤春夫 1936 年 7 月 春陽堂書店	書齋內的佐藤春夫氏 《新潮》 1919 年 3 月號卷首彩頁	品名
河野龍也提供	實踐女子大學受託保管	河野龍也藏	河野龍也提供	提供者
P.057	文豪的筆跡 I	無	文豪日用物	本書頁數

68	67	66	65	編號
				縮圖
寫眞	寫眞	書籍	原稿	類型
徐朝帆（1889-1941）、 余錦華（1898-？） 約 1920 年	岡本要八郎 （1876-1960） 1924 年	歌仔冊 《五娘跳古井歌》、 《五娘送寒衣歌》 廈門會文堂書局 新資料	〈集美學校〉 （《新潮》1921.9） 草稿 佐藤春夫 1921 年 新資料	品名
徐世雄提供	岡本正豐提供	實踐女子大學受託保管	實踐女子大學受託保管	提供者
P.071	P.071	P.037	P.064	本書頁數

72	71	70	69	編號
				縮圖
原稿	雜誌	寫眞	原稿	類型
〈蝗蟲的大旅行〉 佐藤春夫 1921 年 新資料	〈蝗蟲的大旅行〉 佐藤春夫 《童話》 1921 年 9 月	林木土 （1893-1977） 約 1923 年	〈荔鏡傳〉 （《むさざびの草紙》 1937.11，人文書院收 藏）草稿 新資料	品名
實踐女子大學受託保管	河野龍也藏	林偉星提供	實踐女子大學受託保管	提供者
P.065	P.065	P.071	無	本書頁數

76	75	74	73	編號
				縮圖
書簡	雜誌	書籍	書籍	類型
佐藤春夫致松山敏 （悅三）書信 1921 年 11 月 22 日	〈日月潭遊記〉 佐藤春夫 《改造》 夏季臨時號 1921 年 7 月	《蝗蟲的大旅行》 佐藤春夫 1950 年 1 月 芝書店	《蝗蟲的大旅行》 佐藤春夫 1926 年 9 月 改造社	品名
森奈良好捐贈	河野龍也藏	河野龍也藏	河野龍也藏	提供者
文豪的交誼—與編輯	無	無	無	本書頁數

80	79	78	77	編號
				縮圖
書籍	明信片	明信片	寫眞	類型
《旅人》 佐藤春夫 1924 年 10 月 新潮社	水社杵歌	涵碧樓	二水的增澤深治（1878- 1942） 與臺灣電力相關人員 1924 年 10 月 22 日	品名
河野龍也藏	河野龍也提供	河野龍也提供	伊東和惠提供	提供者
P.040	P.049	無	P.053	本書頁數

編號	81	82	83	84
縮圖	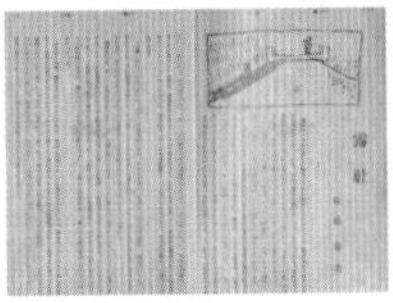		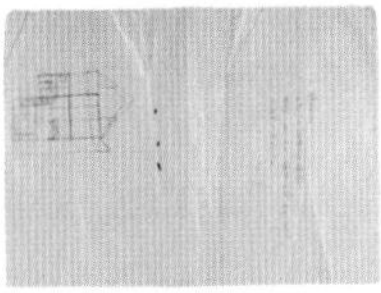	
類型	雜誌	明信片	原稿	書籍
品名	〈霧社〉 佐藤春夫 《改造》 1925 年 3 月	霧社少女 1920 年前後	〈殖民地之旅〉筆記 佐藤春夫 約 1932 年 新資料	《寄鶴齋詩譽》 洪棄生 1917 年 南投活版社
提供者	河野龍也藏	河野龍也提供	實踐女子大學受託保管	國立臺灣文學館藏
本書頁數	無	P.049	P.050	P.039

編號	85	86	87	88
縮圖				
類型	寫眞	寫眞	寫眞	寫眞
品名	〈殖民地之旅〉人物 1 許媽葵（文葵） （1900-1968）	〈殖民地之旅〉人物 2 洪棄生 （1866-1928）	〈殖民地之旅〉 人物 3 洪炎秋 （1899-1980）	〈殖民地之旅〉人物 4 鄭貽林 （1859-1927）
提供者	許叔蓀提供	國立臺灣文學館提供	國立臺灣文學館提供	《人文薈萃》 （1921.7，遠藤寫眞館）
本書頁數	P.038	P.050	P.050	P.039

92	91	90	89	編號
	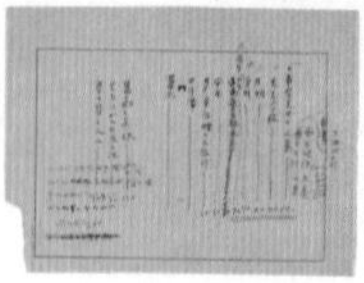			縮圖
原稿	原稿	原稿	寫眞	類型
著作集原案 2 佐藤春夫 1921 年 新資料	著作集原案 1 佐藤春夫 1921 年 新資料	〈我的支那遊記〉 （《生活文化》1943.7） 完成稿 佐藤春夫 新資料	〈殖民地之旅〉人物 5 林獻堂 （1881-1956）	品名
實踐女子大學受託保管	實踐女子大學受託保管	實踐女子大學受託保管	《人文薈萃》 （1921.7，遠藤寫眞館）	提供者
文豪的筆跡 II	文豪的筆跡 II	文豪的筆跡 II	P.039	本書頁數

96	95	94	93	編號
				縮圖
原稿	書籍	書籍	書簡	類型
再版〈霧社〉序文 佐藤春夫 1943 年 10 月 新資料	《霧社》再版 佐藤春夫 1943 年 11 月 昭森社	《霧社》特製版 佐藤春夫 1936 年 7 月 昭森社	佐藤春夫致佐藤豐太郎 （父）書信 1921 年 10 月 27 日	品名
實踐女子大學受託保管	河野龍也藏	河野龍也藏	森奈良好藏	提供者
P.052	P.051	P.036	P.105	本書頁數

100	99	98	97	編號
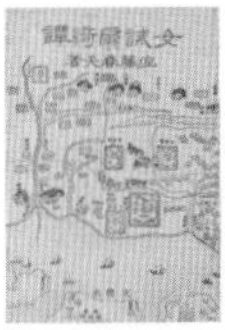				縮圖
書籍	雜誌	畫作	原稿	類型
《女誡扇綺譚》再版 佐藤春夫 1948 年 11 月 文體社	〈女誡扇綺譚〉 佐藤春夫 《女性》 1925 年 5 月	〈新譯女誡扇綺譚〉 水谷清 1931 年 （油畫、帆布）	參考文獻筆記 新資料	品名
河野龍也藏	河野龍也藏	佐藤春夫紀念館藏	實踐女子大學受託保管	提供者
P.210	P.106	P.108	無	本書頁數

104	103	102	101	編號
				縮圖
明信片	地圖	地圖	明信片	類型
佛頭港（舊名禿頭港） 約 1910 年	五條港擴大圖	二萬分之一地形圖 「臺南」 陸地測量部、 臨時測圖部 1895 年	從赤崁城眺望安平	品名
河野龍也提供	日本國立國會圖書館藏	日本國立國會圖書館藏	河野龍也提供	提供者
P.152-153	P.214	P.214	P.208-209	本書頁數

108	107	106	105	編號
				縮圖
寫眞	寫眞	地圖	寫眞	類型
二層樓廠仔（2013 年拆除）2012 年	廠仔遺址（今錦興農具廠）2012 年	西門外作品舞臺圖	從大西門上眺望安平 1895 年 10 月 25 日	品名
河野龍也攝	河野龍也攝	河野龍也提供	日本國立國會圖書館藏	提供者
P.213	P.213	P.217	P.215	本書頁數

112	111	110	109	編號
				縮圖
地圖	寫眞	寫眞	寫眞	類型
商工地圖	醉仙閣藝旦	醉仙閣（租借擴大部分）2012 年	廠仔內代天府 2017 年	品名
劉克全先生提供	吳坤霖提供	河野龍也攝	河野龍也攝	提供者
封面內裡	P.216	P.216	P.213	本書頁數

116	115	114	113	編號
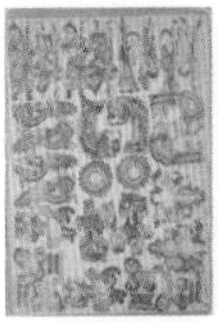				縮圖
書籍	書籍	寫眞	地圖	類型
《赤崁記》限定版 西川滿 1940 年 12 月 日孝山房	《楚楚公主》 （《媽祖》第七冊） 西川滿 1935 年 11 月 媽祖書房	陳聰楷（左） （1892- ？） 1910 年代	宮後街復原圖 約 1920 年	品名
河野龍也藏	河野龍也藏	陳錦清提供	河野龍也提供	提供者
P.145	P.211	P.035	P.217	本書頁數

120	119	118	117	編號
				縮圖
雜誌	報紙	雜誌	報紙	類型
《華麗島》創刊號 1939 年 12 月	〈〈女誡扇綺譚〉 與臺南城鎮〉 新垣宏一 《臺灣日報》 1940 年 5 月 2 日	〈「女誡扇綺譚」 與禿頭港〉 楊熾昌 《臺南文化》新 19 期 1985 年 6 月	〈阿里山受災嚴重 火車完全不通〉 《臺灣日日新報》 1920 年 9 月 9 日	品名
國立臺灣文學館藏	臺南市立圖書館藏	臺南市立圖書館藏	國立臺灣圖書館藏	提供者
無	無	P.139	無	本書頁數

124	123	122	121	編號
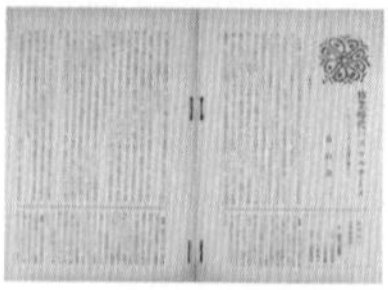				縮圖
雜誌	報紙	書籍	書籍	類型
〈臺南地方文學座談會〉 《文藝臺灣》5 卷 5 號 1943 年 3 月	〈美麗的臺灣：安平、淡水〉 立石鐵臣	《臺灣小說集》 （1941.9，墨水書房） 復刻版 中村地平　2000 年 9 月 ゆまに書房	《華麗島歲月》 新垣宏一著 張良澤編譯 2002 年 8 月 前衛出版社	品名
國立臺灣文學館藏	《臺灣警察時報》 1940 年 2 月	國立臺灣文學館藏	國立臺灣文學館藏	提供者
無	無	無	P.140	本書頁數

128	127	126	125	編號
	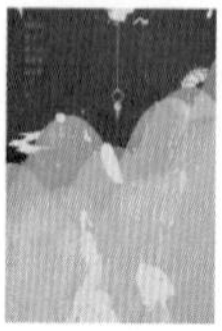			縮圖
雜誌	書籍	書籍	書籍	類型
《臺灣的少女》廣告 《民俗臺灣》4 卷 1 號 1944 年 1 月	《華麗島軼聞：鍵》 何敬堯等著 2017 年 10 月 九歌出版社	《臺灣的少女》 黃氏鳳姿 1944 年 3 月 東都書籍 株式會社臺北支店	《濁水溪》 邱永漢 1955 年 11 月 現代社	品名
國立臺灣文學館藏	國立臺灣文學館藏	國立臺灣文學館藏	國立臺灣文學館藏	提供者
無	無	P.121	P.121	本書頁數

撰文者及譯者簡介

河野龍也

一九七六年出生於日本埼玉縣。祖父則是「灣生」。現任實踐女子大學文藝資料研究所所長、國文學科教授。於東京大學大學院人文社會研究科修習日本近代文學，以「佐藤春夫研究」取得博士學位。經東京大學助教工作後，於現職學校任教。編有《佐藤春夫讀本》（二〇一五年十月，勉誠出版）。著有《佐藤春夫與大正日本的感性》（二〇一九年三月，鼎書房），並以此作榮獲第二十八屆山梨文學獎。

河原功

一九四八年生於東京，一九六九年初次造訪臺灣以來，深受臺灣文學吸引。日本成蹊大學碩士，曾任成蹊高中教師，東京大學、日本大學兼任講師，現任財團法人臺灣協會理事。研究範圍遍及霧社事件、在臺日人遣返、審查制度與文學史、文藝報刊等領域，更與楊逵、王詩琅等作家有深厚情誼。著有專書《臺灣新文學運動的展開：與日本文學的接點》（二〇〇四）、《臺灣渡航記：從霧社事件調查到臺灣文學研究》（二〇一六）、《『臺灣藝術』及其時代》（二〇一七）、《被擺佈的臺灣文學：審查與抵抗的系譜》（二〇一七）。

邱若山

一九五七年生，宜蘭縣人。東吳大學日文系畢業、文化大學日本研究所文學碩士。日本筑波大學博士課程文藝言語研究科修士，學分取得。現任靜宜大學日本語文學系教授兼系主任、臺灣文學系合聘教授，東吳大學日本語文學系兼任教授。曾任臺灣日語教育學會理事長、清華大學臺灣文學研究所兼任教授。專著有《佐藤春夫臺湾旅行関係作品研究》（致良出版，二〇〇二）、《佐藤春夫と臺湾 臺湾旅行関係作品研究続編》（樺豐出版社，二〇一七）。代表性譯作有：《佐藤春夫：殖民地之旅》（草根出版社，二〇〇二／新版，前衛出版社，二〇一七）、《芥川龍之介短篇選粋 輯二 小說》（木馬文化，二〇一六）、《最美的大和言葉》（三采文化，二〇一七）等。

下村作次郎

一九四九年出生於和歌山縣新宮市。現任天理大學名譽教授。日文著作有《從文學讀臺灣》（文学で読む臺湾）、《臺灣近現代文學史》（臺湾近現代文学史）、《臺灣文學的發掘與探究》（臺湾文学の発掘と探究）等。日文譯作有鄧相揚《抗日霧社事件的歷史》（抗日霧社事件の歴史）、《臺灣原住民文學選》（臺湾原住民文学選）全九卷、孫大川《臺灣少數族群文學論》（臺湾エスニックマイノリティ文学論）、陳芳明《臺灣新文學史》（臺湾新文学史）、夏曼・藍波安《大海浮夢》（大海に生きる夢）、陳耀昌《傀儡花》（フォルモサに咲く花）等。曾以原住民文學的翻譯獲得一等原住民族專業獎章，以《大海浮夢》的翻譯獲得第五屆鐵拳異邦文學獎。

張文薰

臺灣彰化人。臺灣大學中文系畢業，日本東京大學博士。現任臺灣大學臺灣文學研究所副教授。研究臺日文學比較、日治時期臺灣文學、臺灣小說史，從事日本近現代文學譯介工作。近期著有〈從「異國情調」到「文人意識」：佐藤春夫之「支那趣味」研究〉（二〇一九）、譯作《花街、廢園、烏托邦：都市空間中的日本文學》（前田愛著，二〇一九）。

盛浩偉

一九八八年生，臺北人。臺灣大學日本語文學系、臺灣文學研究所碩士畢業。碩士論文研究領域爲日治時期在臺日人漢文學。曾出版散文集《名爲我之物》、電影原著劇本改編小說《致親愛的孤獨者》，與他人合著有《華麗島軼聞：鍵》、《終戰那一天》、《百年降生：１９００—２０００臺灣文學故事》等。曾獲台積電青年學生文學獎、時報文學獎，著作曾獲 Openbook 年度好書等。目前任職衛城出版主編。

楊智景

中正大學臺灣文學與創意應用研究所副教授。研究專長是日本近代文學、日治時期臺灣文學、臺日比較文學，同時也旁觸日本當代大眾電影、臺灣客家文學、日語教學等教研領域。主要論文：〈日據時期新聞小說《金色夜叉》在臺灣的傳播與接受〉、〈日治初期帝國之眼下的臺灣圖像——《風俗畫報》中的臺灣地景再現〉、〈自畫像的政治學：《理蕃の友》中的原住民菁英書寫〉、〈作爲閱讀消費商品的臺灣經驗：以村井弦齋《日の出島－新高の巻》爲例〉、〈日本領有期の臺湾表象考察——近代日本における植民地表象〉。

陳允元

一九八一年生，臺南人。國立政治大學臺灣文學研究所博士。國立臺北教育大學臺灣文化研究所助理教授。曾任教於國立臺灣師範大學臺灣語文學系。博士論文爲：《殖民地前衛：現代主義詩學在戰前臺灣的傳播與再生產》。主要研究領域爲日治時期臺灣文學、臺灣現代詩、東亞現代主義文學。曾獲臺文館「臺灣文學傑出博士論文獎」、林榮三文學獎散文首獎等。著有詩集《孔雀獸》（二〇一一）、合著《百年降生：１９００—２０００臺灣文學故事》（二〇一八）。與黃亞歷合編有《日曜日式散步者：風車詩社及其時代》（二〇一六），並以此書獲臺北書展年度編輯大獎、金鼎獎。

賴香吟

一九六九年生於臺南，曾於臺北、東京求學，現旅居柏林。曾任職誠品書店、國家臺灣文學館籌備處、成功大學臺灣文學系。曾獲聯合文學小說新人獎、吳濁流文藝獎、九歌年度小說獎、臺灣文學金典獎等。著有《天亮之前的戀愛》、《文青之死》、《其後それから》、《史前生活》、《霧中風景》等書。

林鈺凱

臺大中文系、臺文所畢業，碩士論文研究日治時期佐藤春夫來臺旅行的空間與情感。以創作爲畢生志業，文學、繪圖、音樂都在涉獵範圍。階段性目標是成爲財富自由的創作者，夢想是當個快樂的藝術家。

鄒易儒

政治大學教育學系、臺灣文學研究所碩士班畢業。

蔡維鋼

長於鯤島，喜歡海。現居臺北，隱松山。

展覽資訊及感謝名單

百年之遇——佐藤春夫一九二〇臺灣旅行文學展

百年の旅びと——佐藤春夫１９２０臺湾旅行文学展

指導單位—文化部

主辦單位—國立臺灣文學館

協辦單位—公益財団法人佐藤春夫記念会、
実践女子大学文芸資料研究所

借展者—（文物出展）髙橋百百子、河原功、森奈良好、河野龍也、新宮市立佐藤春夫記念館、実践女子大学文芸資料研究所、郡山市こおりやま文学の森資料館、朝日新聞出版

—（圖版提供）竹田長男、森雅文、東哲一郎、岡本正豊、伊東和恵、徐世雄、許叔蓀、陳錦清、林偉星、呉坤霖、劉克全、国立国会図書館、ルヴァン美術館、中央研究院、臺南市文化資産保護協會

總　策　劃—蘇碩斌

展覽統籌—河野龍也、張文薰

展覽顧問—辻本雄一、下村作次郎、邱若山、楊智景、陳允元

執行策展—簡弘毅、鄒易儒

策展團隊—陳秋伶、簡弘毅、鄒易儒、羅聿倫、蔡維鋼

特別感謝阿部知子、增田由希子

展覽版結構—張文薰

展示品說明—河野龍也（一至三區）、張文薰（四區）

中日對譯—張文薰、河野龍也

展示製作—鉅奇室內裝修有限公司

文保作業—晉陽文化藝術

展品運輸—翔輝運通有限公司

※本展覽中有關佐藤春夫臺灣旅行作品之中譯，除特別聲明者，均引自邱若山譯《殖民地之旅》，臺北：前衛出版社。二〇一六年十一月初版。

編者—河野龍也、張文薰、陳允元
策劃—國立臺灣文學館
監製—蘇碩斌
臺文館 NMTL
撰文者—下村作次郎、林鈺凱（小專欄部分）、河原功、河野龍也、
邱若山、陳允元、盛浩偉、張文薰、楊智景（依筆劃排列）
翻譯—盛浩偉、鄒易儒、蔡維鋼、賴香吟（依筆劃排列）
執行統籌—簡弘毅

執行長—陳蕙慧
總編輯—張惠菁
責任編輯—盛浩偉
行銷總監—陳雅雯
行銷企劃—尹子麟、余一霞
書籍設計—田修銓
社長—郭重興
發行人兼出版總監—曾大福
出版—衛城出版／遠足文化事業股份有限公司
發行—遠足文化事業股份有限公司
地址—231新北市新店區民權路108之2號9樓
電話—02-22181417
傳真—02-22180727
法律顧問—華陽國際專利商標事務所
印刷—呈靖彩藝有限公司
初版—2020年8月
定價—420元

EMAIL—acropolismde@gmail.com
FACEBOOK—www.facebook.com/acropolispublish/

Belong 04

文豪曾經來過：佐藤春夫與百年前的臺灣

ACRO POLIS 衛城

國家圖書館出版品預行編目(CIP)資料

文豪曾經來過：佐藤春夫與百年前的臺灣 /
河野龍也, 張文薰, 陳允元編. -- 初版. -- 新北市：
衛城出版：遠足文化發行, 2020.08
面；　公分. -- (Belong ; 4)
ISBN 978-986-99381-0-5(平裝)

1.佐藤春夫 2.傳記 3.文學評論

783.18　　109011265